DANK

Unser Dank für die redaktionelle Betreuung von „Excel für Wirtschaftswissenschaftler" gilt MScBM Nico Albrecht.

Für die Einrichtung und den Aufbau des Excel-Portals bedanken wir uns bei Dipl.-Wirt. Inform. Stefan Große Böckmann und Christoph Bielefeld.

Carmen Sicking sagen wir ganz herzlich Dank für Textverarbeitung und Layoutgestaltung sowie für ihr akribisches Korrekturlesen.

Dennis Brunotte und Stephan Kilian vom Verlag Franz Vahlen danken wir für die konstruktive Zusammenarbeit.

Heinz Lothar Grob   *Jan-Armin Reepmeyer*   *Frank Bensberg*

WiSt-Taschenbücher
Wirtschaftswissenschaftliches Studium

herausgegeben von
Prof. Dr. Heinz Lothar Grob
Dr. Jan-Armin Reepmeyer
Dr. Frank Bensberg

Excel für Wirtschaftswissenschaftler

von

Prof. Dr. Heinz Lothar Grob

Dr. Jan-Armin Reepmeyer

Dr. Frank Bensberg

Verlag Franz Vahlen München

VERLAG
VAHLEN
MÜNCHEN
www.vahlen.de

ISBN 978 3 8006 3585 6

© 2008 Verlag Franz Vahlen GmbH
Wilhelmstr. 9, 80801 München

Satz: Fotosatz H. Buck
Zweikirchener Str. 7, 84036 Kumhausen

Druck und Bindung: fgb freiburger graphische Betriebe
Bebelstr. 11, 79108 Freiburg

Redaktionelle Betreuung: Nico Albrecht

Gedruckt auf säurefreiem, alterungsbeständigem Papier
(hergestellt aus chlorfrei gebleichtem Zellstoff)

DIDAKTISCHES KONZEPT

Die Idee, die dem Buch „Excel für Wirtschaftswissenschaftler" zugrunde gelegt wurde, besteht zum einen darin, in das weit verbreitete Microsoft-Office-Produkt in möglichst kompakter Form einzuführen und zum anderen darin, zahlreiche Möglichkeiten zur Anwendung von Standardstoff der Betriebswirtschaftslehre aufzuzeigen.

Die kompakte Präsentation ermöglicht es, innerhalb von wenigen Stunden mit Excel 2007 erfolgreich arbeiten zu können. Diese Fähigkeit ist nicht nur für die Vorlesung „Einführung in die Wirtschaftsinformatik", sondern generell für das Studium der Wirtschaftswissenschaften wichtig. Wenn Sie, verehrte Leserin/verehrter Leser, Modelle und Methoden der Betriebswirtschaftslehre mithilfe von Excel-Arbeitsblättern abgebildet haben, haben Sie einen wichtigen Schritt zu Ihrem Lernerfolg und zum erfolgreichen Abschneiden in Prüfungen geleistet. Außerdem besitzt Excel in der betrieblichen Praxis den Status eines Standardwerkzeugs zur Handhabung unterschiedlichster Planungs- und Entscheidungsprobleme. Mit dem Erlernen von Excel wird somit auch Anforderungen an einen berufsqualifizierenden Abschluss nachgekommen.

Im ersten Teil des Buches wird grundlegend in Excel eingeführt. Die Erarbeitung sollte nach dem handlungsorientierten Prinzip des Versuchs und Irrtums erfolgen. Wir empfehlen ausdrücklich, parallel zum Erarbeiten des Stoffes das Gelesene unmittelbar am PC oder Notebook auszuprobieren, um die dargestellten Funktionalitäten zu verstehen und deren Wirkungsweise nachzuvollziehen. Schon nach kurzer Zeit merken Sie, dass man bei der routinemäßigen Nutzung von Excel viele Arbeitsschritte intuitiv richtig macht und zusätzliche Möglichkeiten an den passenden Stellen sucht.

Die Einführung müssen Sie nicht linear durcharbeiten, sondern können sie – entsprechend Ihrer persönlichen Neigung und Motivation – in nahezu beliebiger Reihenfolge durchgehen. Im ersten Teil werden bewusst keine Übungsfälle verwendet; vielmehr wird auf eine effiziente Präsentationsform Wert gelegt, die durch eine farblich akzentuierte Darstellung im Text verstärkt wird.

Durch das Studium der Einführung haben Sie in kurzer Zeit das notwendige Wissen erworben, um komplette Aufgabenstellungen mit Excel erfolgreich zu meistern. Dass Sie bei diesem Selbsttraining gleichzeitig auch noch Themen der Betriebswirtschaftslehre durchdringen werden, ist die Kernidee dieses Buches. Zu diesem Zweck wird im zweiten Teil eine Vielzahl von Übungsfällen zur Betriebswirtschaftslehre dokumentiert, die dem wirtschaftswissenschaftlichen Bachelorstudium zuzuordnen sind. Die Fälle umfassen typische Aufgabenstellungen aus den Anwendungsbereichen Investition und Finanzierung, Rechnungswesen, Produktion und Absatz. Sie sind mit dem im ersten Teil eingeführten Grundlagenwissen zu Excel lösbar und motivieren, sich sowohl mit Excel als auch mit Standardaufgaben der Betriebswirtschaftslehre auseinanderzusetzen.

Musterlösungen dieser Übungsfälle stehen in Form konkreter Excel-Dateien im Internet unter der Adresse

http://excel-wist.uni-muenster.de

zur Verfügung. Die Übungsaufgaben sollen nur den Anfang einer Sammlung von Excel-Aufgaben bilden. Sie sollen eigenständig weitere Fragestellungen der BWL und der VWL entdecken und durch die Umsetzung in Excel-Dateien erfolgreich bearbeiten.

Zur Lösung der hier präsentierten Übungsaufgaben schlagen wir folgende Vorgehensweise vor:

Informieren Sie sich durch einen kurzen Einblick in eine Übungsaufgabe, ob es für Sie sinnvoll ist, sich mit ihr auseinanderzusetzen. In der Vorbereitungsphase sollten Sie dem EVA-Prinzip gehorchend (EVA ® ist eine eingetragene Marke von Stern Stewart & Co.) ermitteln, welche Daten auszugeben sind, welche Daten man dafür eingeben muss und welche mit welchen Formeln zu berechnen sind. Die Lösung sollte sich über mehrere Arbeitsblätter erstrecken. Im ersten Arbeitsblatt soll das Thema genannt werden, ggf. ist auch ein Abstract zur Erleichterung des Wiedereinstiegs sinnvoll. Das nächste Arbeitsblatt soll so angelegt werden, dass die Eingabedaten erfasst werden können. Wir empfehlen, für die einzugebenden Daten farblich markierte Zellen vorzusehen. Exakte Texte und Hinweise für den Bediener wären zusätzliche implizite Hilfen. Evtl. sind Daten über Verknüpfungen aus anderen Quellen zu importieren oder einzubinden.

Die weiteren Arbeitsblätter sollten Sie so strukturieren, dass in ihnen einzelne Module der Lösung unmittelbar erkennbar und nachvollziehbar sind. Stellen Sie sich vor, Sie würden Ihr Excel-Arbeitsblatt einer interessierten Zuhörerschaft präsentieren. Gut gegliederte Arbeitsblätter sind dann leichter zu handhaben als ein einziges umfangreiches Arbeitsblatt, das ständig in alle Richtung bewegt werden muss. Die relevanten Endergebnisse sollten an prominenter Stelle hervorgehoben werden.

Nach der äußeren Strukturierung beginnt die innere Gliederung der Arbeitsblätter. Beachten Sie dabei folgende Empfehlungen:

– Legen Sie Tabellen übersichtlich an.

– Verwenden Sie keine Abkürzungen.

– Fügen Sie bei erklärungsbedürftigen Daten Kommentare ein.

Schließlich sollten Sie sich dem Design widmen. Excel bietet viele Möglichkeiten zur präsentationsfreundlichen Gestaltung eines Arbeitsblattes. Farben, Schriftarten und Strichstärken sollten jedoch konsistent verwendet werden. Beachten Sie bitte die folgenden Empfehlungen:

– Farben sind kein Selbstzweck, sondern Mittel zum Zweck, um die Anschaulichkeit zu erhöhen.

– Gehen Sie bei der Gestaltung davon aus, dass die Excel-Anwendung von Dritten bedient wird, denen die Design-Elemente helfen sollen, sich zurecht zu finden.

Im Idealfall erarbeiten Sie völlig eigenständig zu den aufgeführten Übungsaufgaben eine Lösung. Falls Sie jedoch Anregungen brauchen, sollten Sie sich die Musterlösung ansehen, die im Portal aufrufbar ist. Vielleicht möchten Sie auch einige Tests mit Ihrer Lösung vornehmen und die Ergebnisse mit der im Portal dargestellten Lösung vergleichen.

Nachdem Sie Ihre Lösung fertig gestellt haben, sollten Sie nach einer Möglichkeit suchen, sie Ihren Kommilitonen oder Kollegen zu präsentieren. Es wird nicht immer leicht sein, einen Zuhörer zu finden – allenfalls, wenn Sie versprechen, bei der nächsten Gelegenheit selbst die Rolle des Zuhörers übernehmen. Zur Präsentation können Sie Ihre Lösung z.B. in eine PowerPoint-Präsentation einfügen und mit weiteren informativen Folien umgeben.

Auf jeden Fall sollten Sie mit Ihrer Excel-Lösung ein paar Berechnungsexperimente durchführen. Hierbei sollten Sie die Plausibilität der Ergebnisse kontrollieren; so können Sie gleichzeitig Ihre Analysefähigkeit in Betriebswirtschaftslehre trainieren.

Wir wünschen Ihnen bei Ihren Excel-Aktivitäten viel Erfolg!

Inhaltsverzeichnis

1

Einführung in Excel

1 Grundlagen

1.1 Merkmale des Programms

Excel ist ein **integriertes** Tabellenkalkulationsprogramm mit multifunktionalen Eigenschaften. Es gliedert sich in die Bereiche Tabellenkalkulation, Grafik, Datenbank und Programmierung.

Die **Tabellenkalkulation** stellt den Hauptteil des Programms dar. Zentrum der Problembeschreibung ist dabei das Arbeitsblatt, das aus Zeilen und Spalten besteht. Der Schnittpunkt einer Zeile mit einer Spalte wird **Zelle** genannt. Eine solche Zelle, die gleichzeitig eine Cursorfunktion wahrnimmt, ist der Platzhalter für Daten innerhalb des Arbeitsblatts. Excel stellt eine Vielzahl an Auswertungsmöglichkeiten zur Verfügung – angefangen von einfachen arithmetischen Operationen bis hin zu statistischen und finanzmathematischen Berechnungen. Die **grafische Komponente** erlaubt die Darstellung von Daten eines Arbeitsblatts in Form von Diagrammen und Organigrammen. Außerdem sind Funktionen zum Zeichnen und Entwerfen von Grafiken integriert. Innerhalb der **Datenbankkomponente** stehen Befehle zum Bearbeiten von Datensätzen zur Verfügung. Mithilfe der so genannten Pivottabelle können Daten interaktiv zusammengefasst, gruppiert und analysiert werden. Das Zusatzprogramm **Query** unterstützt den Zugriff auf Datenbanken, wie z. B. Access, MySQL, Oracle und SQL-Server, und den Import von Daten aus dem Internet. Der eingebaute Makrorekorder und die eingebettete Programmiersprache Visual Basic für Applikationen (VBA) können vom Benutzer zur **Anwendungsprogrammierung** eingesetzt werden. Hiermit sind häufig auftretende Befehlsfolgen automatisierbar sowie eigene Menüs und Dialogboxen erzeugbar.

1.2 Die Benutzeroberfläche

1.2.1 Überblick

Bei Excel 2007 wurde bei der **Benutzeroberfläche** im Vergleich zur Vorgängerversion Excel 2003 ein neues Konzept verfolgt. So ist der Leitsatz für die Benutzeroberfläche von Excel 2007 laut Microsoft „Durchsuchen, Auswählen und Klicken." Damit soll insbesondere Anfängern und Gelegenheitsnutzern das leichte Auffinden von Funktionen ermöglicht werden.

Die in Abb. 1 dargestellte Benutzeroberfläche von Excel setzt sich aus dem Anwendungs- und dem Dokumentenfenster zusammen, die unmittelbar nach dem Programmstart auf dem Bildschirm erscheinen. Das *Anwendungsfenster* enthält in der linken oberen Ecke die **Office**-Schaltfläche als Office-Symbol, die Titelleiste (Microsoft Excel) in der Mitte und oben rechts die Größenfelder sowie den Schalter zum Beenden von Excel. Integriert in das Anwendungsfenster ist die *Multifunktionsleiste*, die auch als **Ribbon** (engl. für *Band*) bezeichnet wird und die aus der Vorgängerversion Excel 2003 bekannten Menü- bzw. Symbolleisten ersetzt. Diese *Multifunktionsleiste* fasst zusammengehörige Befehle und Funktionalitäten in verschiedenen *Registerkarten* zusammen. Häufig genutzte Funktionen können außerdem in einer *Symbolleiste für den Schnellzugriff* untergebracht werden.

Die einzelnen Registerkarten werden durch *Funktionsgruppen* weiter untergliedert, in denen z. B. Drop-down-Kataloge und weitere Steuerelemente angeordnet sind. Drop-down-Kataloge stellen sich dabei als Schaltflächen dar, bei deren Aktivierung ein Feld mit schematisch visualisierten Elementen eingeblendet wird. Komplexe Operationen und Auswahlmöglichkeiten werden zusätzlich durch Dialogboxen unterstützt, die fallweise eingeblendet werden.

Unterhalb der Multifunktionsleiste befinden sich in der so genannten Bearbeitungszeile das *Namensfeld* der aktuellen Zelle sowie das *Eingabefeld*. Bei Anklicken des Eingabefelds erscheinen zudem drei

Schaltflächen für Eingabe, Abbrechen und Funktionsaufruf. Bei Eingabe von längeren Ausdrücken kann das Eingabefeld über das am rechten Rand des Felds gelegene Symbol ❤ erweitert werden oder mit der Maus auf eine beliebige Größe gezogen werden.

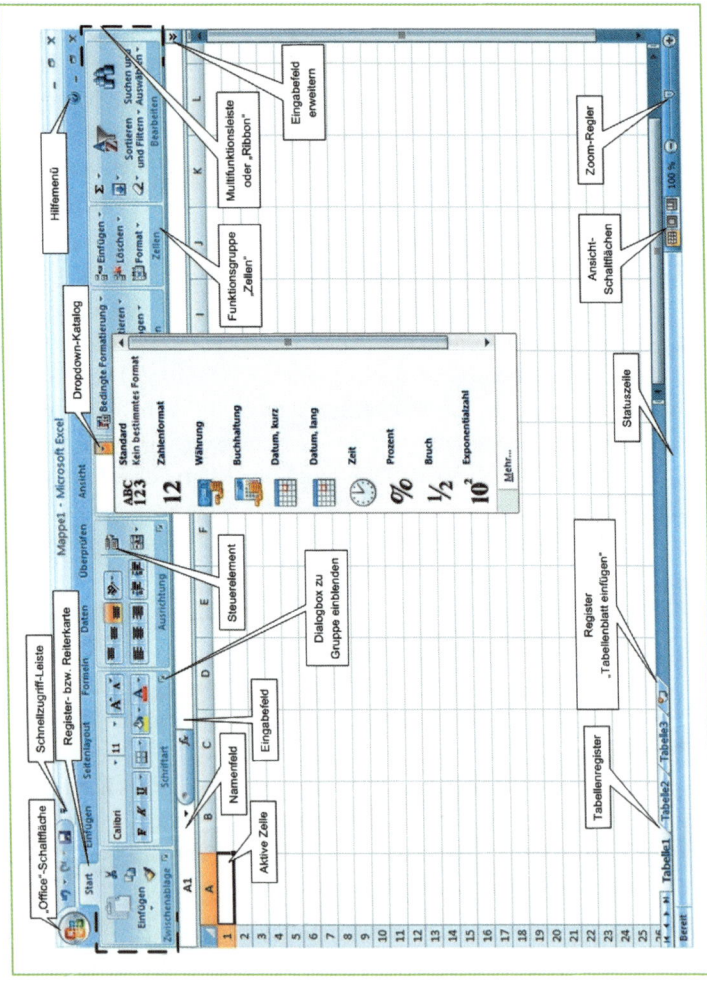

ABB. 1: Standardoberfläche von Microsoft Excel 2007

Das *Dokumentenfenster* ist in das Anwendungsfenster eingebettet. Die Menükomponenten des Dokumentenfensters sind in die Menüleiste des Anwendungsfensters integriert. Das Systemmenü des Dokumentenfensters kann über das Office-Symbol angewählt werden, die beiden Größenfelder sowie die Schaltfläche zum Schließen des Dokuments befinden sich am rechten Rand der Multifunktionsleiste.

Zwischen dem *Eingabefeld* und der *Statuszeile* wird üblicherweise ein *Arbeitsblatt* (auch: Tabellenblatt) eingeblendet. Es stellt eine Seite aus der Excel-Arbeitsmappe dar. Ein Arbeitsblatt besteht aus *Zeilen* (durch Zahlen gekennzeichnet) und *Spalten* (durch Buchstaben gekennzeichnet). Sofern eine Arbeitsmappe geöffnet ist, wird ein Ausschnitt aus dem Arbeitsblatt stets auf dem Bildschirm angezeigt.

An den Rändern des Arbeitsblatts befinden sich rechts außen und rechts unten die *Bildlaufleisten* zum Rollen des Bildschirmausschnitts. Am unteren Rand ist das *Tabellenregister* zu sehen, das einen direkten Wechsel der Arbeitsblätter zur Bearbeitung ermöglicht. Diese Arbeitsblätter werden unter Excel auch als Tabellen bezeichnet. Durch Anklicken eines Registerblatts wird das bezeichnete Arbeitsblatt auf dem Bildschirm dargestellt. Soll ein weiteres Arbeitsblatt in die Arbeitsmappe eingefügt werden, ist das hinterste Registerblatt anzuklicken. Zum Blättern innerhalb der Arbeitsblätter sind links neben den Registern vier Schaltflächen mit Pfeilen angebracht.

Unterhalb des Arbeitsblatts wird die *Statuszeile* mit dem aktuellen Bearbeitungsmodus angezeigt. Bei Markierung von Zellen werden, je nach Eingabe, in der Statuszeile die Werte Mittelwert, Summe oder Anzahl berechnet. Zusätzlich befinden sich am rechten Rand die **Ansicht**-Schaltflächen zur normalen Ansicht, der Ansicht des Seitenlayouts und der Umbruchvorschau. Rechts daneben ist der Schieberegler für den Zoom des Tabellenblatts in die Statuszeile eingebettet. Mit einem Klick auf die Prozentangabe 100 % links neben dem Zoom-Regler erscheint eine Dialogbox, die eine Auswahl voreingestellter Zoom-Modi bietet.

Excel stellt über die **Hilfe**-Schaltfläche Funktionen zur Verfügung, die den Anwender bei der Arbeit mit dem Programm unterstützen und den Zugriff auf die Anwendungsdokumentation ermöglichen.

Um bei der Arbeit an Tabellen den oft lästigen Wechsel der Hand zwischen Tastatur und Maus zu reduzieren, kann eine Bedienung über Tastenkombinationen erfolgen. Mögliche Tastenkombinationen für Elemente der *Multifunktionsleiste* werden beispielsweise durch Drücken der Taste [Alt] eingeblendet. Durch Betätigen der eingeblendeten Tasten können die gewünschten Funktionen angewählt werden. Für Umsteiger von Excel 2003 sind die Veränderungen von Tastenfolgen und -kombinationen im Anhang dokumentiert.

Im Folgenden werden die einzelnen Elemente von Excel 2007 näher erläutert. Dabei ist insbesondere auf Hilfefunktionen, Menüs, Symbole, Arbeitsmappen und Arbeitsblätter sowie Dialogboxen einzugehen.

1.2.2 Hilfefunktionen

Die Hilfe von Excel 2007 konzentriert sich im Gegensatz zu den Vorgängerversionen stärker auf Inhalte, beispielsweise wurde auf die Office-Assistenten verzichtet. Bei Anklicken des Symbols 🔵 oder Betätigung der Taste [F1] erscheint die funktional gehaltene Excel-Hilfe (vgl. Abb. 2).

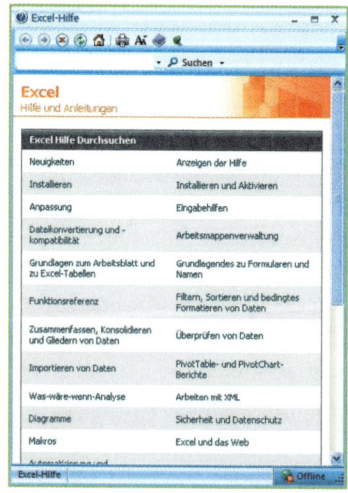

ABB. 2: Fenster der Office-Hilfe

Im Eingabefeld kann eine Frage bzw. ein Themengebiet eingegeben werden, zu denen nach Betätigen der Taste ↵ oder Anklicken der Schaltfläche 🔍 **Suchen** ▾ verwandte Hilfeartikel angezeigt werden. Über das Dreieck am rechten Rand der **Suchen**-Schaltfläche können Quellen zur Suche ausgewählt oder eingegrenzt werden (z. B. Inhalte der Onlinehilfe). Zusätzlich bietet Excel dem Anwender die Möglichkeit, über ein thematisch geordnetes Inhaltsverzeichnis nach den gewünschten Informationen zu suchen.

Eine weitere Hilfefunktion bieten die überarbeiteten *QuickInfos*, die, wie in Abb. 3 gezeigt, auch grafische Erläuterungen bestimmter Funktionen darstellen. Zusätzlich sind hier die ggf. verknüpften Tastenkombinationen notiert. Im Menü **Häufig verwendete Excel-Optionen** (Alt D I) kann diese Funktion deaktiviert oder verändert werden.

Die Direkthilfe vereinfacht den Weg zu den Hilfeartikeln, indem bei den meisten Dialogfeldern ein Hyperlink zum entsprechenden Artikel vorhanden ist oder – wie in Abb. 3 gezeigt – die Taste F1 zum Aufrufen des entsprechenden Hilfeartikels genutzt werden kann. Dies ist für die Summenfunktion in Abb. 4 unten links dargestellt. Zudem bieten viele Dialogfelder die Schaltfläche 🔘, mit der ebenfalls Hilfeartikel für einzelne Dialogelemente abgerufen werden können.

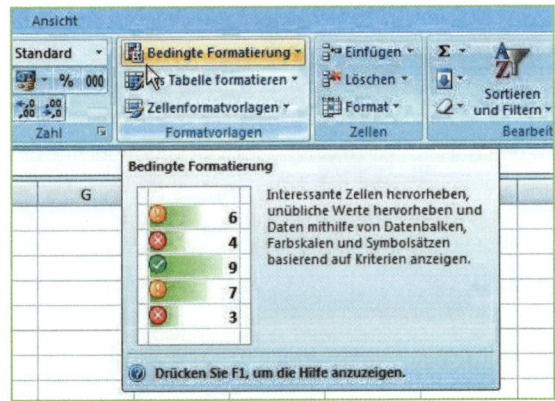

ABB. 3: Quick-Info für den Befehl „Bedingte Formatierung"

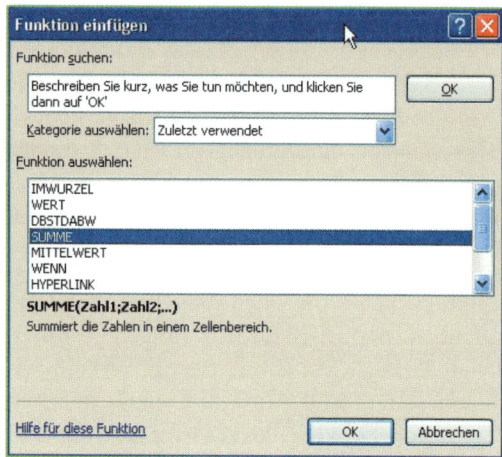

ABB. 4: Aufrufmöglichkeit der Direkthilfe zur Summenfunktion

1.2.3 Menüs

Zu unterscheiden sind das **Systemmenü**, das **sensitive Kontextmenü** sowie das **Hauptmenü**. Das **Systemmenü** wird durch einen Klick der rechten Maustaste auf die Titelleiste von Excel aktiviert. Es erscheint ein Menü, das Befehle zur Größenveränderung des Fensters und zum Schließen des Dokuments bzw. von Excel 2007 enthält.

Das **sensitive Kontextmenü**, das in jeder Situation nach Betätigen der rechten Maustaste im Arbeitsfenster erscheint, stellt eine Alternative zur Auswahl von Befehlen aus der Menüleiste dar. Das Kontextmenü stellt in Abhängigkeit von der jeweiligen Arbeitssituation anwendbare Befehle zur Verfügung. Das Erscheinungsbild des Kontextmenüs wird dabei maßgeblich von der Position des Mauszeigers bzw. dem gerade aktivierten Objekt bestimmt. Befindet sich der Mauszeiger beispielsweise über einer Zelle, werden neben anwendbaren Befehlen zusätzlich grundlegende Elemente zur Text- und Zellformatierung in einem eigenen Menü angezeigt.

Neben dem sensitiven Kontextmenü gibt es auch *kontextbezogene Registerkarten*. Sie erscheinen bei Bearbeitung komplexer Elemente (vgl.

ABB. 5: Kontextbezogene Registerkarte für Diagramme

Abb. 5) und werden neben den Standardregisterkarten angezeigt und farblich hervorgehoben.

Das **Hauptmenü** wird durch die *Multifunktionsleiste* repräsentiert und besteht aus sieben Standardregisterkarten, der *Symbolleiste für den Schnellzugriff* und der **Office**-Schaltfläche. Der *Symbolleiste für den Schnellzugriff* können häufig genutzte Befehle aus den einzelnen Registerkarten hinzugefügt werden, um schneller mit ihnen arbeiten zu können. Die **Office**-Schaltfläche stellt Funktionalitäten zur Dateiverwaltung zur Verfügung und ersetzt das **Datei**-Menü früherer Excel-Versionen. In Abb. 6 wird exemplarisch das Funktionsangebot dargestellt, das bei Betätigen der **Office**-Schaltfläche erscheint. Während im linken Bereich grundlegende Funktionen zum Erzeugen, Öffnen, Speichern oder Drucken der Arbeitsmappe angeboten werden, ist im rechten Bildschirmbereich eine Liste der zuletzt geöffneten Do-

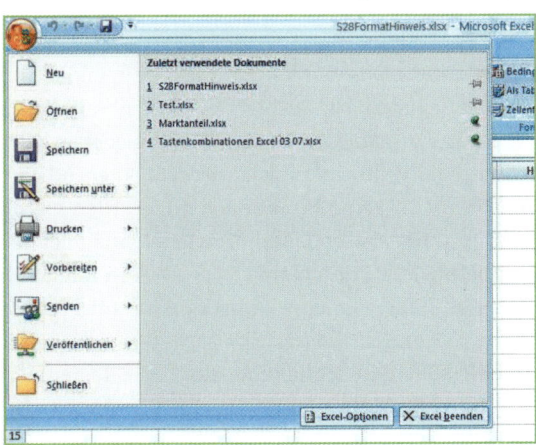

ABB. 6: Office-
Schaltfläche

kumente zu sehen. Diese können durch Eingabe der vorangestellten Ziffern oder durch Auswahl mit der Maus geöffnet werden. Hervorzuheben ist, dass im unteren Bildschirmbereich auf die Excel-Optionen zugegriffen werden kann, über die dauerhafte Einstellungen und Anpassungen an Excel vorgenommen werden können.

1.2.4 Symbole

Symbole spielen in Excel 2007 für die Menüführung eine große Rolle. Durch das neue Darstellungskonzept des *Ribbons* ist es zusätzlich gelungen, wichtige oder häufig verwendete Symbole größer darzustellen und mit Schaltflächentiteln zu versehen. Abb. 7 zeigt dies für das Register *Start* der Multifunktionsleiste, das zentrale Funktionen zur Formatierung von Daten zur Verfügung stellt.

ABB. 7: Elemente des *Start*-Registers

Die *Multifunktionsleiste* kann mittels Doppelklick auf den Namen der aktiven Registerkarte ausgeblendet werden. Auf diese Weise steht mehr Platz im *Anwendungsfenster* zur Verfügung. Beim Klicken auf ein Register wird die Multifunktionsleiste vorübergehend wieder eingeblendet, sodass auf einzelne Funktionen zugegriffen werden kann. Um die Multifunktionsleiste dauerhaft wieder einzublenden, ist ein erneuter Doppelklick auf den Namen der aktiven Registerkarte notwendig. Wichtige Steuerelemente kann der Anwender auch benutzerdefiniert in der *Symbolleiste für den Schnellzugriff* verwalten. Darin enthaltene Befehle stehen anschließend durch die Tastenfolgen [Alt] [1], [Alt] [2], [Alt] [3] etc. zur Verfügung.

1.2.5   Arbeitsmappe und Arbeitsblätter

Als Arbeitsmappe wird in Microsoft Excel die Datei bezeichnet, in der die Daten gespeichert werden. Da jede Arbeitsmappe mehrere Arbeitsblätter (Tabellenblätter) enthalten kann, können verschiedene Arten zusammengehöriger Daten in *einer* Datei gespeichert werden. Dabei kann im Rahmen von Arbeitsmappen eine Vielzahl unterschiedlicher Datentypen abgelegt werden. So können nicht nur Texte und Diagramme gespeichert, sondern beispielsweise auch Audio- und Videosequenzen hinterlegt werden.

In Arbeitsblättern werden Daten aufgelistet und analysiert. Daten können gleichzeitig in mehrere Arbeitsblätter eingegeben und bearbeitet werden. Auch Berechnungen, denen Daten verschiedener Tabellen zugrunde liegen, können so durchgeführt werden. Diagramme können z. B. als eigene Blätter in eine Arbeitsmappe eingefügt werden. Die Namen der Blätter werden auf Registern am unteren Rand des *Arbeitsmappenfensters* eingeblendet. Um zu anderen Blättern zu wechseln, ist auf das entsprechende *Registerblatt* zu klicken. Der Name des aktiven Blatts wird dabei optisch hervorgehoben.

Die Reihenfolge der Blätter kann durch Verschieben der Registerblätter verändert werden. Hierzu muss das Registerblatt des zu verschiebenden Arbeitsblatts angeklickt und bei gedrückter Maustaste an die gewünschte Position verschoben werden (Drag and Drop). Auf diese Weise können beispielsweise wichtige Tabellen nachträglich an den Anfang einer Mappe positioniert werden. Soll ein Blatt nicht verschoben, sondern vervielfältigt werden, so muss während des beschriebenen Vorgangs gleichzeitig die Taste (Strg) gedrückt werden. Innerhalb des Arbeitsblattsymbols erscheint am Mauszeiger ein +.

Beim Verschieben und Kopieren von Blättern ist zu beachten, dass Berechnungen oder Diagramme, die auf Daten einer verschobenen Tabelle beruhen, fehlerhaft werden könnten. Wird eine Tabelle zwischen Blättern verschoben, auf denen Formelbezüge existieren, können die Bezüge unter Umständen nicht korrekt aufgelöst werden und das neu eingefügte Arbeitsblatt kann fälschlich zur Berechnung verwendet werden.

Als Untermenge einer Arbeitsmappe kann es sinnvoll sein, mehrere Arbeitsblätter einer Arbeitsmappe zu einer Gruppe zusammenzufassen. Hierdurch lassen sich mehrere Tabellen gleichzeitig bearbeiten. Einträge und Formatierungen gelten immer für sämtliche Arbeitsblätter einer Gruppe. Als Anwendungsbeispiel sei die Aufteilung einer nach Perioden aufgegliederten Vertriebsstatistik auf mehrere Arbeitsblätter genannt.

Das Gruppieren ist bei nebeneinander liegenden Arbeitsblättern durch Anklicken des ersten und des letzten Arbeitsblattregisters bei gedrückter ⇧-Taste erreichbar. Bei gestreuten Arbeitsblättern ist die Strg-Taste gedrückt zu halten. Durch Positionieren der Maus auf ein Arbeitsblattregister und Öffnen des **Kontextmenüs** (rechte Maustaste) ist es überdies möglich, *alle Blätter auszuwählen* oder die *Gruppierung aufzuheben*.

Über die Befehlsgruppe **Format** in der Funktionsgruppe *Zellen* der Registerkarte *Start* können Befehle ausgewählt werden, die das Umbenennen, Verschieben und Kopieren von Arbeitsblättern steuern. Diese Funktionen sind auch in das **Kontextmenü** integriert, das per Klick mit der rechten Maustaste auf das Arbeitsblattregister aufgerufen werden kann (vgl. Abb. 8).

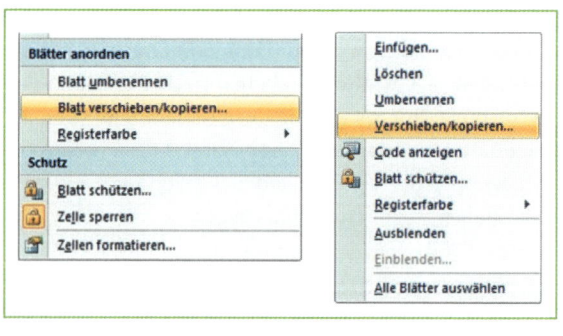

ABB. 8: Befehle zum Verwalten von Arbeitsblättern

Innerhalb eines Arbeitsblatts sind Befehle zum Bewegen, Aufteilen und Setzen von Überschriften für den Anwender relevant. Das **Bewegen** innerhalb eines Arbeitsblatts ist neben den Bildlaufleisten in

Verbindung mit der Maus oder den Pfeiltasten und Tastenfolgen (vgl. Abschnitt 1.2) auf der Tastatur auch über das in Abb. 1 auf S. 5 links oben abgebildete *Namensfeld* möglich. In diesem Feld können vorab benannte Zellen ausgewählt oder Zellen durch Eingabe der Zelladresse angesprungen werden. Zudem kann im Register *Start* mithilfe des Befehls **Suchen** aus der *Bearbeiten*-Funktionsgruppe der **Suchen** *oder* **Ersetzen**-Dialog aufgerufen werden (vgl. Abb. 9). Alternativ stehen zum Aufruf dieser Dialogbox die Tastenkombination [Strg] [F] bzw. die Tastenfolge [Alt] [B] [S] zur Verfügung. Hiermit kann nach Inhalten gesucht werden.

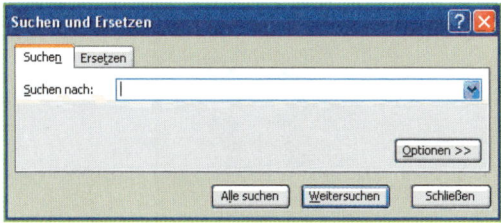

ABB. 9: Dialog *Suchen*

Beim **Such**befehl können Zelleninhalte angegeben werden, während *Gehe zu* die Eingabe der Zelladresse und *Verweis* die Eingabe eines bereits definierten Bereichsnamens verlangt (vgl. Abb. 10). Dieser Dialog kann durch die Tastenkombination [Strg] [G] oder [F5] aufgerufen werden.

ABB. 10: Aktivieren des Dialogs *Gehe zu*

Über den in Abb. 11 gezeigten Dialog *Inhalte auswählen* kann der logische Inhalt einer zu suchenden Zelle näher bestimmt werden. So lässt sich hier beispielsweise definieren, ob nach einer Formel gesucht werden soll. Die häufig verwendeten Elemente *Formeln, Kommentare, Konstanten* etc. können auch direkt aus dem Drop-down-Menü **Suchen und Auswählen** im Register *Start* gewählt werden.

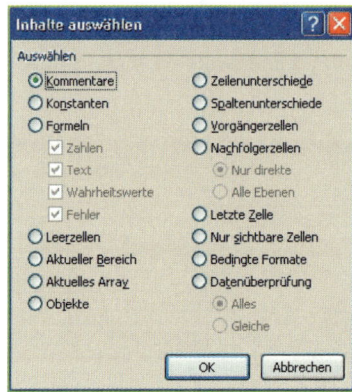

ABB. 11: Suchen von Zellen nach Inhalten

Das horizontale oder vertikale **Aufteilen** eines Arbeitsblatts ist über die Registerkarte *Ansicht* und das Symbol ▦ oder über die Tastenfolge [Alt][F][I] zu erreichen. So können bei großen Tabellen, die nicht vollständig am Monitor angezeigt werden können, unterschiedliche Tabellenabschnitte gleichzeitig betrachtet werden.

Das bei der Teilung aufgespannte Fadenkreuz kann mit der Maus beliebig verschoben werden. Außerdem können **Überschriften** fixiert werden, die sonst beim Rollen des Bildschirms verschwinden.

Manche Befehle beziehen sich ausschließlich auf die **Zeilen** bzw. die **Spalten** des Arbeitsblatts. So kann z. B. die Zeilenhöhe über die Funktionsgruppe *Zellen* aus dem Register *Start* eingestellt werden. Nach Markieren der Zeile durch Klicken auf die Zeilennummer am linken Rand können über den Katalog **Format** die Zeilenhöhe manuell eingegeben oder automatisch optimiert sowie Zeilen ein- oder ausgeblendet werden (vgl. Abb. 12). Dies gilt analog für die Formatierung von Spalten.

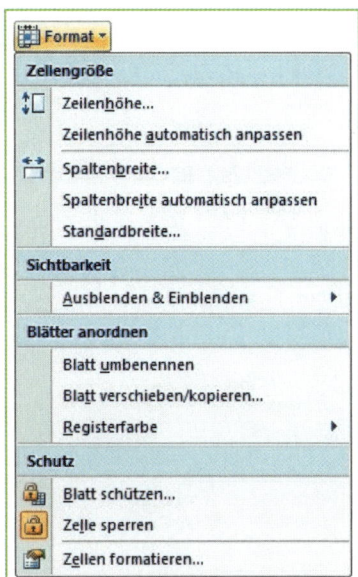

ABB. 12: Befehle zur Formatierung von Zeilen, Spalten und Tabellenblättern

Die Formatierung von Höhe und Breite kann ebenso mithilfe der Maus erfolgen. Dazu ist der Mauszeiger zwischen zwei Zeilen- bzw. Spaltenköpfen zu positionieren. Er ändert seine Form in einen vertikalen bzw. horizontalen Doppelpfeil. Wird bei gedrückter linker Maustaste der Cursor neu positioniert, so ändert sich die Größe der Zeilen bzw. Spaltene ntsprechend.

1.2.6   Dialogboxen

Die interaktive Arbeit mit Excel wird zum Teil über **Dialogboxen** realisiert. Excel unterscheidet zwischen einfachen Dialogboxen und Registerdialogboxen. In der in Abb. 13 abgebildeten Registerdialogbox *Zellen formatieren* sind zunächst die Register *Zahlen, Ausrichtung, Schrift, Rahmen, Ausfüllen* oder *Schutz* auszuwählen, bevor spezifische Einstellungen vorzugeben sind.

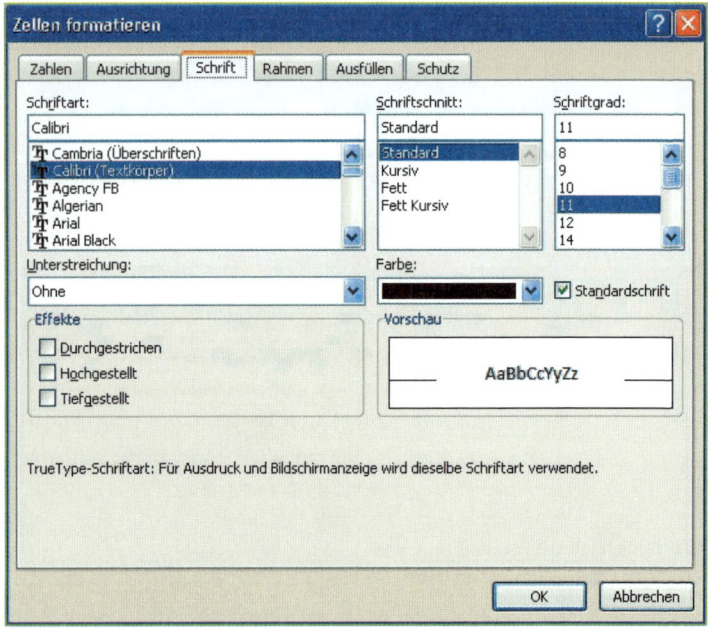

ABB. 13: Registerdialogbox zur Formatierung von Zellen

Dialogboxen enthalten *Eingabefelder, Listenfelder, Schaltflächen* und *Kontrollkästchen*. Eingabefelder ermöglichen die Eingabe eines Texts über die Tastatur. In Listenfeldern kann der Anwender die Auswahl einer Option aus einer Liste von Möglichkeiten vornehmen. Schaltflächen werden in Befehlsschaltflächen und Optionsschaltflächen unterteilt. Befehlsschaltflächen (z. B. zum Drucken) werden direkt durch Anklicken aktiviert. Optionsschaltflächen sind demgegenüber zu Gruppen zusammengefasst. Die vor der Optionsbezeichnung befindliche runde Optionsschaltfläche ist zur Aktivierung anzuklicken und die gewünschte (einzelne) Option ist auszuwählen (in Abb. 11 finden sich z. B. die Optionsschaltflächen Kommentare, Konstanten und Formeln). Kontrollkästchen sind als eckige, anzukreuzende Optionsschaltfläche definiert. Sie können herangezogen werden, um mehrere Optionen gleichzeitig zu aktivieren.

1.2.7 Voreinstellungen

Die Standardeinstellungen von Excel können vom Anwender modifiziert werden. Zu diesen Standardeinstellungen gehört beispielsweise, dass neue Arbeitsmappen mit drei Arbeitsblättern pro Mappe angelegt werden, die Schriftart Calibri für Zellinhalte festgelegt ist oder aber die Eingabe von Zellinhalten in den Farben Schwarz auf Weiß erfolgt. Über den Optionsbefehl der **Office**-Schaltfläche oder die Tastenfolgen ⎇ Ⓧ Ⓞ und ⎇ Ⓓ Ⓘ lässt sich die Registerdialogbox *Excel-Optionen* öffnen.

Die im Register *Häufig verwendet* eingestellten Optionen (z. B. Quick-Info-Format, Blätteranzahl und Schriftgrad) sowie die Einstellungen in den Registern *Formeln* und *Dokumentprüfung* gelten für sämtliche Arbeitsmappen und bleiben auch bei Verlassen von Excel für die nächste Sitzung aktiv. Die Register *Speichern* und *Erweitert* beziehen sich hingegen teilweise nur auf die aktuelle Arbeitsmappe oder ein Arbeitsblatt, wie in Abb. 14 dargestellt. Infolgedessen werden die Optionen (z. B. Bildlaufleisten an/aus, Blattregisterkarten anzeigen/ausblenden, Nullwerte anzeigen/unterdrücken, Seitenumbruch anzeigen) mit der Mappe gespeichert.

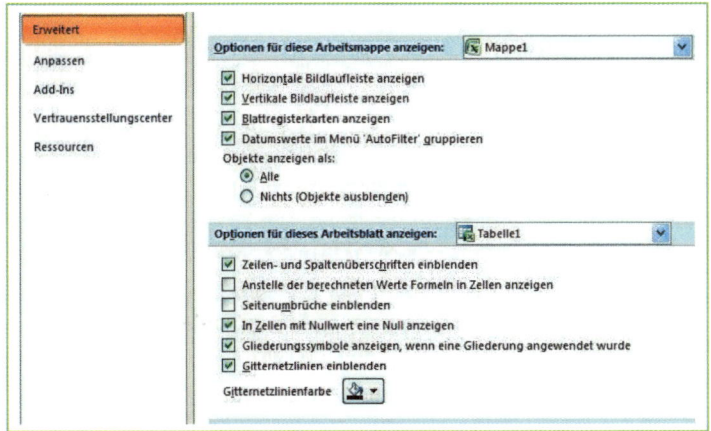

ABB. 14 : Optionen für Tabellenblätter und -mappen

Die Befehle zur Darstellung der Zeilen- und Spaltenüberschriften und der Gitternetzlinien wurden auch in die Registerkarte *Seitenlayout* unter der Funktionsgruppe *Tabellenblattoptionen* übernommen. Bei Aktivierung der Schaltfläche **Dialogfenster anzeigen** ⊡ erscheinen weitere Befehle zur Darstellung und zum Druck des Tabellenblatts.

Um die Arbeit mit Excel möglichst komfortabel zu gestalten, kann insbesondere die allgemeine Einstellung des Standardarbeitsordners (in der Abb. 15 auf C:\...\Eigene Dateien eingestellt) generell auf die persönlichen Arbeitswünsche angepasst werden.

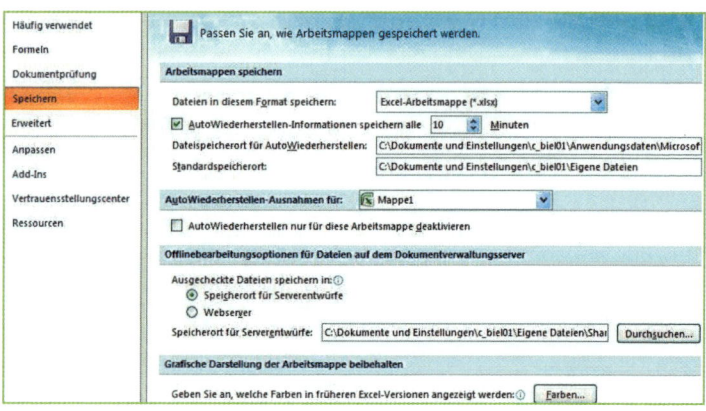

ABB. 15: Allgemeine Speicheroptionen von Excel

Eine wichtige Einstellung ist die Aktivierung des Schutzes gegen Makroviren. Hierzu kann im *Vertrauensstellungscenter* das gewünschte Sicherheitsniveau eingestellt werden. Dazu ist die Schaltfläche **Einstellungen für das Vertrauensstellungscenter** zu aktivieren (vgl. Abb. 16). Es ist zu empfehlen, mindestens eine mittlere Schutzstufe zu wählen, in der der Anwender vor der Ausführung von Excel-Anwendungen nach einer Bestätigung gefragt wird.

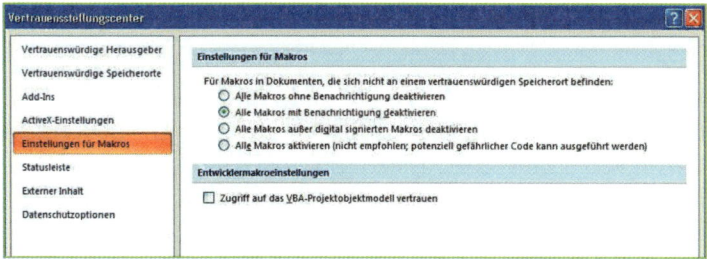

ABB. 16: Sicherheitseinstellungen für Makros

1.2.8 Arbeitsmappenverwaltung

1.2.8.1 Öffnen von Dateien und weiterer Fenster

Im Folgenden werden die verschiedenen Alternativen zum **Öffnen** von Arbeitsmappen dargestellt.

Eine neue Arbeitsmappe kann über den Eintrag **Neu** im **Office**-Menü geöffnet werden. Alternativ besteht die Möglichkeit, die Tastenfolge ⌥ D N bzw. die Tastenkombination Strg N zu verwenden.

Der Eintrag **Öffnen** ermöglicht das Laden einer bereits vorhandenen Arbeitsmappe. Auch hier bestehen die alternativen Zugriffsmöglichkeiten über die Tastenfolge ⌥ D F bzw. die Tastenkombination Strg O.

Das Öffnen einer der zuletzt bearbeiteten Arbeitsmappen wird von Excel, wie von beinahe allen Windows-Anwendungen, auf besondere Weise unterstützt. Auf der rechten Seite der geöffneten **Office**-Schaltfläche werden immer die zuletzt bearbeiteten Dateien aufgelistet (vgl. Abb. 6). Die Anzahl der hier angezeigten Dateien kann über das Register *Erweitert* in den **Excel-Optionen** und dort unter der Überschrift *Anzeige* geändert werden. Falls die gesuchte Arbeitsmappe zu den hier aufgelisteten gehört, kann sie einfach per Mausklick ausgewählt oder über die Tastenfolge ⌥ D – gefolgt von der Ziffer 1, 2, 3, …, 9 – vor der Dateibezeichnung aufgerufen werden. Neu in Excel 2007 ist, dass Dokumente in der Liste der zuletzt gewählten Dateien mit dem

Symbol 🖼 dauerhaft fixiert werden können. Die mit 🐛 markierten Arbeitsmappen werden immer in der Liste angezeigt.

Auch das automatische Öffnen einer oder mehrerer Arbeitsmappen unmittelbar nach dem Start von Excel ist möglich. Alle Dateien, die in dem Verzeichnis \Xlstart abgelegt werden, lädt Excel automatisch nach dem Programmstart. Sollte das Verzeichnis nicht unter C:\Programme\Microsoft Office\OFFICE12 auffindbar sein, so kann eine Dateisuche über Windows zum Ziel führen. Dazu ist auf den *Windows-Startschalter* unten links zu klicken und aus dem **Pop-up-Menü** die Option **Suchen** auszuwählen. Hier ist anschließend **Dateien und Ordner** anzuklicken und im Dialog das gesuchte Verzeichnis Xlstart einzugeben. Dieses Verzeichnis ist sowohl im Programm- als auch im Benutzerverzeichnis C:\Dokumente und Einstellungen\ {BENUTZER-NAME}\Anwendungsdaten\Microsoft\Excel vorhanden.

Werden Arbeitsblätter oder -mappen älterer Versionen von Excel oder auch Dateien von Tabellenkalkulationsprogrammen anderer Hersteller geöffnet, so erkennt Excel das entsprechende Dateiformat. Hierbei wird ein Dialogfenster geöffnet, in dem das Dateiformat markiert ausgewiesen wird. Dem Anwender bleibt in der Regel nur noch die Aufgabe, die Datei zu bestätigen, damit Excel die Daten importieren kann. Sollte ein komplexeres Format vorliegen, das nicht automatisch konvertiert werden kann, so öffnet Excel eine Folge kommentierter Dialoge, die das gezielte Umsetzen der Daten vereinfacht.

Sollen verschiedene Bereiche eines größeren Arbeitsblatts gleichzeitig eingesehen werden können, so ist das Öffnen eines weiteren Fensters derselben Arbeitsmappe vorteilhaft. Über den Befehl **Neues Fenster** des *Ansicht*-Registers oder die Tastenfolge Alt F N wird ein neues Fenster derselben Arbeitsmappe geöffnet. Da die Arbeitsmappen in einem *Excel-Anwendungsfenster* geöffnet werden, ist eine vorherige Mappe in den Hintergrund getreten. Sie lässt sich wieder in den Vordergrund holen, indem der Anwender die entsprechende Mappe über den Befehl **Fenster wechseln** in der Registerkarte *Ansicht* (Funktionsgruppe *Fenster*) auswählt oder die Tastenfolge Alt F W und anschließend die vor der Mappe stehende Nummer eingibt. Um mehrere Arbeitsmappen gleichzeitig anzuzeigen, ist der Befehl **Fenster/Anordnen** zu wählen bzw. die Tastenfolge ⒶⒻⓎ einzugeben.

1.2.8.2 Speichern von Arbeitsmappen

Beim ersten **Speichern** einer Datei ist der Befehl **Speichern unter** der **Office**-Schaltfläche zu benutzen. Dieser Befehl ist aber auch zu verwenden, um eine Kopie einer Arbeitsmappe unter einer anderen Bezeichnung oder in einem anderen Verzeichnis abzulegen. Alternativ steht die Tastenfolge ⒶⒹⓊ oder die Funktionstaste ⒻⒺ für dieselbe Funktionalität zur Verfügung.

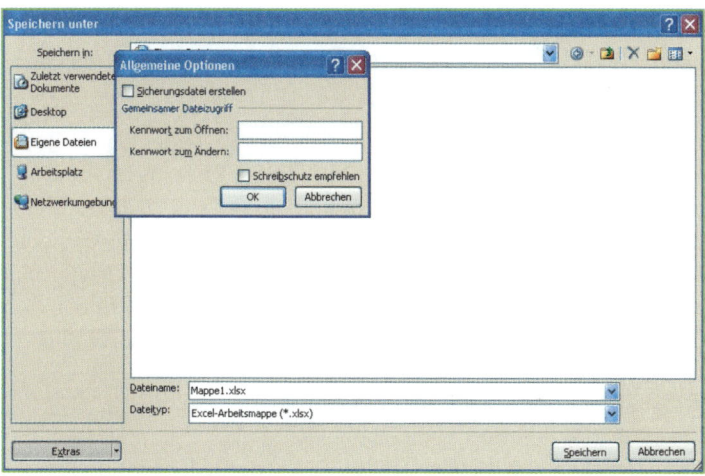

ABB. 17: Optionen des Dialogs *Speichern unter*

Für das **Schützen** von Dateien sind verschiedene Schutzoptionen einstellbar. Das Dialogfeld *Speicheroptionen* (vgl. Abb. 17) wird durch Klicken auf das Feld *Extras* und Auswahl des Menüpunkts **Allgemeine Optionen** erreicht, alternativ durch die Tastenkombination ⒶⓍ und Drücken der Taste Ⓖ. Durch Ankreuzen des Kontrollkästchens *Sicherungsdatei erstellen* wird bei jedem Speichervorgang eine Sicherungsdatei (.bak) erstellt. Das Eintippen eines Lese-/Schreibkennwortes in das entsprechende Eingabefeld bewirkt eine Kennwortabfrage beim Öffnen der Datei. Das Schreibschutzkennwort dient dazu, eine Datei – z. B. für einen Dritten – nur zum Lesen zu öffnen. Durch Ankreuzen von *Schreibschutz empfehlen* wird beim Öffnen eine Dialogbox eingeblendet, in die der Anwender eingibt, in welchem Modus (Schreiben oder nur Lesen) die Datei geöffnet werden soll.

Wird das Symbol 🖫 Speichern zum Speichern von Dateien angeklickt, gelangt der Anwender nur dann zu dem Dialog *Speichern unter*, wenn die derzeit aktive Arbeitsmappe noch keine Bezeichnung enthält.

Bereits vorhandene Dateien können direkt ohne weitere Angaben über den Befehl **Speichern** der **Office**-Schaltfläche gesichert werden. Äquivalent kann hier die Tastenfolge ⒜⒟⒮ bzw. die Tastenkombination ⒮⒮ verwendet werden. Zum gleichen Ergebnis führt auch ein Mausklick auf das Symbol 🖫.

Um in Excel 2007 erstellte Dateien auch für Anwender älterer Excel-Versionen zugänglich zu machen, ist bei der Speicherung im Auswahlfeld Dateityp des Dialogs in Abb. 17 der Eintrag Excel 97-2003-Arbeitsmappe (*.xls) auszuwählen. Alternativ kann für ältere Excel-Versionen von der Microsoft-Webseite ein Importfilter für das.xlsx-Dateiformat heruntergeladen werden. Weitere Informationen hierzu finden sich unter dem Eintrag „Abwärtskompatibilität" im Index dieses Buches.

1.2.8.3 Drucken von Arbeitsmappen

Zum **Drucken** von Dateien stellt Excel verschiedene Optionen zur Verfügung, mit deren Hilfe die Druckausgabe auf vielfältige Weise gesteuert werden kann. Bei dem durch Anklicken des Symbols 🖨 Drucken gestarteten Druckvorgang wird das aktive Arbeitsblatt gemäß den Einstellungen in den Funktionsgruppen *Tabellenblattoptionen* und *Seite einrichten* des Registers *Seitenlayout* gedruckt. Hier lässt sich auch der Druckbereich einstellen, mit dem der Anwender einen bestimmten Bereich in der Tabelle zum Drucken auswählen kann.

Für allgemeine Ausdruckoptionen, wie die Anzahl der benötigten Kopien oder deren Sortierreihenfolge, ist der Menübefehl **Drucken**

ABB. 18: Seiteneinstellungen in der Registerkarte *Seitenlayout*

aus der **Office-Schaltfläche** anzuwählen. Seine Aktivierung kann auch über die Tastenfolge ⟨Alt⟩⟨D⟩⟨D⟩ bzw. die Tastenkombination ⟨Strg⟩⟨P⟩ erfolgen. Die neben dem ausgewählten Drucker konfigurierbaren Eigenschaften sind druckerspezifisch und sollten ausführlich in der Dokumentation des verwendeten Druckers beschrieben sein.

Die Einstellungen zu der Funktionsgruppe *Seite einrichten* lassen sich auch über die in Abb. 19 dargestellte Dialogbox mittels des Symbols ▣ erreichen. Hier können z. B. das Format, der Abstand der Tabellen zum Rand, eine benutzerdefinierte Kopfzeile, die Seitenreihenfolge und das Unterdrücken der Gitternetzlinien eingegeben werden.

Falls die Tabellen voraussichtlich nicht auf eine Druckseite passen, ist es sinnvoll, vor Druckbeginn den automatischen Seitenwechsel von Excel einzublenden. Dazu kann das im Abschnitt 1.2 erwähnte Ansichtsteuerelement **Umbruchvorschau** (unten rechts auf der Benutzeroberfläche) verwendet werden.

Der Seitenwechsel wird auf dem Bildschirm durch eine Begrenzungslinie dargestellt. Zur Korrektur können auch manuelle **Umbrüche** eingefügt (und wieder aufgehoben) werden. Die erfolgt über die gleichnamigen Befehle der Funktionsgruppe *Seite einrichten* oder die Tastenfolge ⟨Alt⟩⟨E⟩⟨U⟩. Der Cursor muss dabei am Tabellenrand positioniert werden, um einen ausschließlich horizontalen oder vertikalen Umbruch zu erzeugen. Bei Markierung einer sonstigen Zelle im Arbeitsblatt wird ein kombinierter Umbruch erzeugt, der durch ein Fadenkreuz symbolisiert wird. Dabei wird so umgebrochen, dass die durch den Cursor markierte Zelle der ersten auf der neuen Seite entspricht. Die Umbruchmarkierung wird also an der linken oberen Ecke der Zelle ausgerichtet.

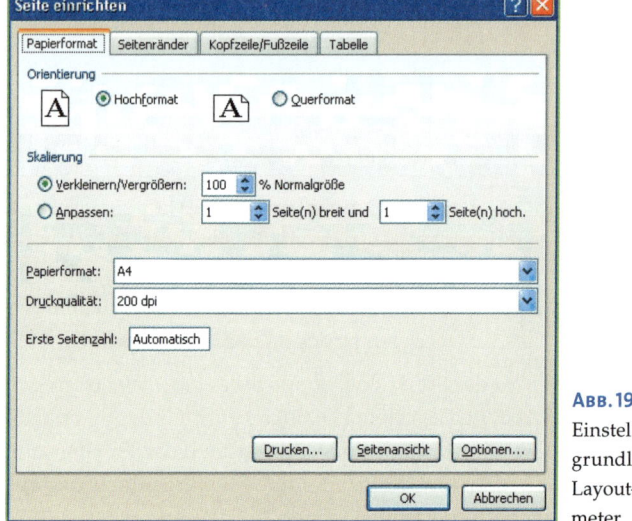

ABB. 19:
Einstellung grundlegender Layout-Parameter

Soll ein spezieller Ausschnitt eines Arbeitsblatts ausgedruckt werden, so ist dieser zunächst mit gedrückter Maustaste zu markieren. Anschließend kann die markierte Fläche über den Eintrag **Druckbereich** in der Funktionsgruppe *Seite einrichten* oder über die Tastenfolge [Alt] [Y] [R] [F] als aktiver Druckbereich definiert werden.

Auch der Befehl **Seitenlayout** wurde in die Benutzeroberfläche integriert, um vor dem Ausdruck eines Arbeitsblatts schneller das Ergebnis am Bildschirm kontrollieren zu können. Auf diese Weise können Seitenumbrüche überprüft und ggf. vor dem Ausdrucken überarbeitet werden. Der Inhalt des im Seitenlayout dargestellten Tabellenblatts kann direkt bearbeitet werden. Bei der Option **Seitenansicht**, die in früheren Excel-Versionen genutzt wurde, war das nicht der Fall. Der Befehl **Seitenlayout** steht über die Registerkarte *Ansicht* und deren Funktionsgruppe *Arbeitsmappenansichten* zur Verfügung.

1.2.8.4   Schützen von Arbeitsmappen

Eine Arbeitsmappe oder einzelne Blätter einer Arbeitsmappe können geschützt werden. Die Befehlsgruppe *Überprüfen* enthält hierzu die Befehle **Blatt schützen** bzw. **Arbeitsmappe schützen**, über die ein Verändern der Zellinhalte verhindert werden kann. Die Vergabe eines Kennwortes ist optional. Wird es jedoch vergeben, so muss es zur Aufhebung des Schutzes eingegeben werden.

1.2.8.5   Schließen von Arbeitsmappen

Der Befehl **Schließen** in der **Office**-Schaltfläche schließt sämtliche Fenster für die momentan aktive Arbeitsmappe. Auch die Tastenkombination `Strg` `F4` und die Tastenfolge `Alt` `D` `C` führen zu diesem Ergebnis. Ebenso kann per Mausklick auf das Grafiksymbol **Schließen** ✖ in der Dokumentenleiste die Arbeit an der aktiven Datei beendet werden.

Microsoft Excel kann auf verschiedene Weise beendet werden: durch Doppelklick auf die **Office**-Schaltfläche 🏢, über die **Office**-Schaltfläche mit dem Befehl **Excel beenden,** über die Tastenfolge `Alt` `D` `B`, per Mausklick auf das Schließen-Symbol ✖ in der rechten oberen Ecke des Anwendungsfensters, mit einem Rechtsklick in die Titelleiste oder mit der Tastenkombination `Alt` `F4`.

2 Tabellen-kalkulation

2.1 Zahlen- und Datentypen

2.1.1 Kategorisierung

Als **Zahlen- oder Datentypen** sind bei Excel neben der Voreinstellung „Standard" Zahlen, Währungen, der Typ „Buchhaltung", Datums- und Zeitwerte, Prozentangaben, Brüche, der Typ „Wissenschaft", Texte sowie Sonderformate und benutzerdefinierte Typen vorgesehen.

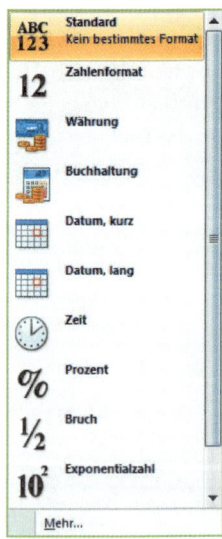

ABB. 20: Drop-down-Katalog **Zahlenformat**

Die Auswahl des entsprechenden Formats erfolgt über das Symbol **Zahlenformat** [Standard ▾] der **Zahl**-Befehlsgruppe im Register *Start*.

Sollen benutzerdefinierte Einstellungen vorgenommen werden, können diese über die Schaltfläche **Mehr...** am unteren Ende des in Abb. 20 dargestellten Drop-down-Katalogs oder über den Aufruf des Dialogfelds durch ⬛ bestimmt werden.

2.1.2 Reguläre Zahlen

Zahlen stellen konstante Werte dar. Eine Zahl kann aus den Ziffern 0 bis 9 und folgenden Sonderzeichen bestehen:

+ – ( ) , / %. E e

Ein einzelnes Komma wird als Dezimalkomma interpretiert und vorangestellte Pluszeichen werden nicht berücksichtigt. Die Interpretation des Kommas als Dezimaltrennzeichen wird aus den Spracheinstellungen des Betriebssystems übernommen und kann über den Menüpunkt **Erweiterte Excel-Optionen** oder über die Tastenfolge ⌨Alt⌨ ⌨D⌨ ⌨I⌨ geändert werden.

Bei der Eingabe eines Bruchs (z. B. ⌨1⌨ ⌨⇧⌨ ⌨/⌨⌨2⌨ für ½), muss eine Null, mit Leertaste abgetrennt, vorangestellt werden. Die korrekte Eingabe lautet also ⌨0⌨ ⌨ ⌨ ⌨1⌨ ⌨⇧⌨ ⌨/⌨⌨2⌨. Anderenfalls würde Excel die Eingabe als Datum und nicht als Zahl interpretieren. Excel definiert anhand der Eingabe des Nutzers selbstständig das Format, solange der Anwender nicht selbst bereits einen von der Voreinstellung „Standard" abweichenden Typen festgelegt hat. Im Standardformat werden Zahlen stets rechtsbündig in der Zelle angezeigt.

2.1.3 Währungen und Buchhaltung

Eine Sonderform von Zahlen sind Währungen. Diese können für allgemeine monetäre Werte benutzt werden. Wird ⌨3⌨⌨AltGr⌨⌨E⌨ eingegeben, so schaltet Excel vom Standardformat auf „Währung" um. Die Eingabe entspricht der Anzeige von 3 €.

Eine weitergehende Spezialisierung stellt die Kategorie „Buchhaltung" dar. Dabei handelt es sich um das Währungsformat, wobei jedoch das

Währungssymbol (i. d. R. Euro) und die Dezimalstellen in einer Spalte rechtsbündig ausgerichtet werden.

2.1.4 Prozent

Wird die Kategorie „Prozent" ausgewählt, so werden die Inhalte aller betroffenen Zellen mit 100 multipliziert und die Werte mit der Angabe eines nachgestellten Prozentzeichens ausgewiesen.

2.1.5 Bruch

Excel kann Zahlen auch als Bruch darstellen oder in vorgegebene Standardbrüche umwandeln. Es besteht dabei die Möglichkeit, dass die Werte in (gerundete) ein-, zwei- oder dreistellige Brüche oder aber zu einem Bruch mit Standarddivisor umgewandelt werden.

2.1.6 Wissenschaft

Die Kategorie „Wissenschaft" steht für die Ausgabe von Werten in Exponentialschreibweise, die insbesondere von wissenschaftlichen Taschenrechnern verwendet wird.

2.1.7 Datums- und Zeitwerte

Excel speichert unabhängig von der Formatierung Kalendertage als serielle Zahlen und Zeiten als Dezimalbrüche. Dadurch wird das Rechnen mit Datums- und Zeitangaben möglich. Für die Ausgabe sind mehrere Standards vorgesehen, von denen einige in Abb. 21 exemplarisch aufgeführt sind.

Bei der Angabe eines Datums können Tag, Monat und Jahr mit. (Punkt), ⇧ ⁄ (Schrägstrich) oder Alt (Bindestrich) voneinander getrennt werden. Soll zusätzlich zum Datum eine Uhrzeit eingegeben werden, so

Datum	Zeit
24.01.2007	12:26
13.02	9:14:05 AM
28/03/07	34:12,6
04-07	23:33:02,3

ABB. 21: Beispiele für Datums- und Zeitformate

ist diese mit einer Leerstelle vom Datum zu trennen. Hierbei ist zu beachten, dass Stunden, Minuten und Sekunden jeweils mit einem Doppelpunkt voneinander zu trennen sind, hingegen die Abgrenzung von Zehntelsekunden mit einem Komma erfolgt. Excel arbeitet in der deutschen Fassung mit einer 24-Stunden-Uhr. Soll die Eingabe im Zwölfstundenformat erfolgen, ist die Angabe a oder p, bzw. AM oder PM erforderlich.

Um das aktuelle Datum in eine Zelle einzutragen, kann das Tastaturkürzel ⌨Strg⌨ verwendet werden. Die Uhrzeit ist über ⌨Strg⌨⇧⌨ unmittelbar einfügbar.

Sollen ausschließlich Berechnungen mit Uhrzeiten stattfinden, ist das Format „Uhrzeit" zu wählen. Hierbei muss keine Datumseingabe erfolgen.

2.1.8 Text

Wird die Kategorie „Text" für eine Zelle, Spalte oder Zeile bestimmt, so können sämtliche Zeichen verwendet werden. Einfache Berechnungen mit Zahlen, die in einer als Text formatierten Zelle stehen, können durchgeführt werden. Jedoch sollten Textzellen nicht in eine Formel eingebunden werden. Eine solche Zelle nimmt innerhalb einer Formel den Wert 0 an, wenn die Formatierung als Text vor der Eingabe der Zahlen stattgefunden hat. Werden Zellen nachträglich als Text formatiert, können diese mit darin enthaltenen Zahlen in Funktionen benutzt werden. Excel weist darauf hin, dass in eine Zelle mit Textformat eine Zahl eingegeben wurde. Dies geschieht über ein grünes Dreieck in der linken, oberen Ecke der Zelle, wie in Zelle B4 in Abb. 22 dargestellt.

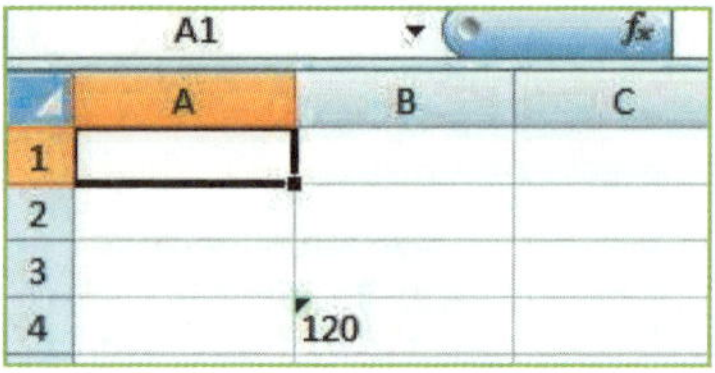

ABB. 22: Grünes Dreieck als Formatierungshinweis

In der Regel ist eine im Textformat gespeicherte Zahl auch daran erkennbar, dass sie linksbündig in der Zelle steht, während sie im Standard- oder Zahlenformat rechtsbündig dargestellt wird.

2.1.9 Sonderformate und Benutzerdefinition

Excel beinhaltet bereits drei Sonderformate: Postleitzahl, Versicherungsnachweisnummer und ISBN-Nummer. Diese drei Datentypen sind standardisiert und können auch eine Null als erste Ziffer beinhalten. Zudem wird bei der Eingabe geprüft, ob die Eingabe dem geforderten Format entspricht. Wird nur eine vierstellige PLZ eingetragen, so ergänzt Excel an der ersten Position von links eine Null.

Weiterhin können eigene Formate für die Zellen definiert werden. Diese sehr weitgehende Anpassung an die eigenen Anforderungen basiert auf einem der oben dargestellten Basisformate.

2.2 Darstellung von Formeln

In Formeln werden konstante Werte, Zellbezüge (Adressen) oder Namen von Zellen bzw. Zellbereichen miteinander über **Operatoren** verknüpft (vgl. Abb. 23). Hierbei werden mathematische Regeln beachtet. Bei Rechenoperatoren gilt die Punkt-vor-Strich-Regel.

Formeln beginnen stets mit einem **Gleichheitszeichen**. Sie führen je nach Anwendung zu unterschiedlichen Ausgaben, die eine Differenzierung der Operatoren ermöglicht. Arithmetische Operatoren

Operator	Eingabe	Funktion	
^	⌃	Potenzierung	arithmetische Operatoren
%	⇧ ⌃	Prozent	
*,/	⇧ ⌃, ⇧ ⌃	Multiplikation, Division	
+, −	⌃, ⌃	Addition, Subtraktion oder Negation	
=	⇧ ⌃	Gleich	Vergleichs-operatoren
<	⌃	Kleiner als	
>	⇧ ⌃	Größer als	
≤	⌃ ⇧ ⌃	Kleiner gleich	
≥	⇧ ⌃ ⇧ ⌃	Größer gleich	
≠	⌃ ⇧ ⌃	Ungleich	
&	⇧ ⌃	Verbindung zweier Zeichenketten	Textoperator
:	⇧ ⌃	Bereichsoperator	Bezugs-operatoren
;	⇧ ⌃	Vereinigungsoperator	
Leerschritt	⎵	Schnittmengenoperator	

ABB. 23: Übersicht über die Formeloperatoren

führen mathematische Rechenoperationen aus und geben stets ein numerisches Ergebnis wieder. Wahrheitswerte sind das Ergebnis einer Vergleichsoperation. Die Ausgabe lautet hier entweder Wahr oder Falsch. Der Textoperator, das kaufmännische Und-Zeichen (&), verbindet zwei Textketten. Mit Bezugsoperatoren können Zellbereiche verknüpft werden, um beispielsweise Berechnungen auf ihren Inhalten auszuführen. In Abb. 24 sind einige Beispiele aufgelistet.

Die Möglichkeit, Konstanten, Formeln, Zellen und Zellbereichen **Namen** zuzuordnen, dient der Übersichtlichkeit bei komplexen Tabellen und dem direkten Anspringen von Zellbereichen. Bei der **Vergabe** der Namen sind Buchstaben, Zahlen, Punkte und Unterstriche, jedoch keine Leerzeichen zu verwenden. Eine Möglichkeit besteht darin, nach Markieren der entsprechenden Zelle einen Namen in dem in Abb. 1 auf S. 5 gezeigten *Namensfeld* einzutragen. Des Weiteren kann über die

Formel	Ausgabe
=30*12	360
= (1+3)/(3+5)	0,5 Brüche in Formeln müssen mithilfe von Klammern und dem Divisionsoperator dargestellt werden. Hierbei ist die arithmetische Regel „Bruchstrich ersetzt Klammer" zu beachten. Um Brüche in einer Zelle darzustellen, ist bei der Zellformatierung das Format Bruch auszuwählen. Der nebenstehende Ausdruck wird als ½ dargestellt.
=Preis*Menge	Produkt der Zelle mit dem Namen Preis und der Zelle mit dem Namen Menge
=4^3	64
=B2>B3	WAHR oder FALSCH
=C5&D6	Verbindet die Zeichenketten aus den Zellen C5 und D6.
=„Stamm"& „essen"	Stammessen
A1:B2	Bezeichnet den Zellbereich, der aus den Zellen A1, A2, B1 und B2 besteht.
(A1:B2;A4:A6)	Vereinigt die beiden einzelnen Zellbereiche A1:B2 und A4:A6.
(A1:A3 A2:A5)	Liefert die Zellen A2 und A3 als Schnittmenge der beiden einzelnen Zellbereiche.

ABB. 24: Anwendungsübersicht verschiedener Operatoren

Befehlsgruppe **Definierte Namen** im Register *Formeln* oder über die Tastenfolge [Alt] [M] [M] [D] der in der Abb. 25 gezeigte Dialog geöffnet werden. Zusätzlich können die definierten Namen seit Excel 2007 über die Schaltfläche **Namensmanager** übersichtlich verwaltet werden.

Hier kann eine Bezeichnung und ein Kommentar für die Zelle eingegeben werden. Dieser Dialog kann auch genutzt werden, um Namen in eine Formel **einzufügen**. Nach der Eingabe des Gleichheitszeichens wird wiederum die o. g. Befehlsfolge gewählt. Aus der Auswahlliste ist anschließend die Bezeichnung des Felds zu wählen, die in der Formel erscheinen soll. Diese kann dann in der Eingabezeile vervollständigt werden.

ABB. 25: Festlegen von Namen

Über das *Namensfeld* kann der gewünschte Bereich auch **direkt** angesprungen werden. Dazu ist lediglich der vorher vergebene Name einer Zelle in der geöffneten Liste auszuwählen oder die Zelle bzw. der Zellbereich in der Form A1:B2 einzugeben.

2.3 Funktionen

Funktionen stellen spezielle Formeln dar. Dem Funktionsnamen folgt stets eine geöffnete Klammer. Innerhalb der Klammer können Argumente übergeben werden, mit denen Berechnungen durchgeführt werden und die durch eine geschlossene Klammer abzuschließen sind. Über den **Funktion einfügen**-Befehl im Register *Formeln*, die Tastenfolgen (Alt)(E)(F) bzw. (Alt)(M)(F) oder die Schaltfläche *fx* kann dann der gesuchte Funktionsbefehl ausgesucht werden (vgl. Abb. 26). Innerhalb der Funktion werden zusammenhängende Zellbereiche durch Doppelpunkt (Bereichsoperator) und einzelne Zellen durch Semikolon getrennt.

Als Beispiele sind hier zu nennen:

=SUMME(D2:D11)
=SUMME(A1;B2;B7;D13)
=MAX(C4:C15)

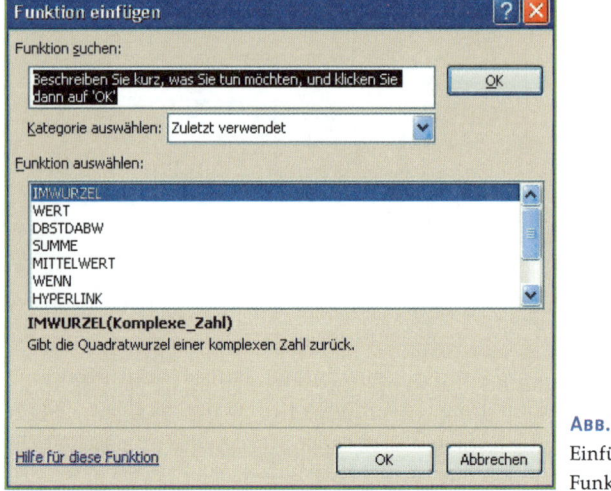

Einfügen einer
Funktion

Zur genaueren Verwendung von Funktionen sei auf Abschnitt 2.9.1 verwiesen.

2.4 Fehlerhinweise

Wenn bei der Berechnung eines Ergebnisses mithilfe einer Formel Probleme auftreten, zeigt Excel einen Fehlerwert an. Für jeden Fehlertypen gibt es unterschiedliche Ursachen und Lösungen. Häufige Fehlerhinweise und Erläuterungen sowie Ursachen sind in Abb. 27 dargestellt worden.

Die Fehlermeldung #WERT! wird beispielsweise ausgegeben, wenn versucht wurde, mit einem Text Berechnungen durchzuführen. Es ist dann zu prüfen, ob Zellbezüge richtig erfasst wurden und ob die Formatierung der zur Berechnung herangezogenen Zellen korrekt ist. Der Inhalt einer Zelle, auf die sich eine Formel bezieht, die eine #WERT!-Fehlermeldung ausgibt, kann angepasst werden, indem die Funktion WERT() eingesetzt wird (vgl. Abschnitt 2.9.1). Analog ist bei

Fehlerhinweis	Erläuterung/Ursache
####	Die Spalte ist nicht breit genug oder ein negatives Datum bzw. eine negative Uhrzeit wurden eingegeben.
#WERT!	Für ein Argument oder einen Operanden wurde der falsche Typ verwendet.
#DIV/0!	Eine Zahl soll durch Null dividiert werden.
#NAME?	Ein Teil einer Formel wird nicht als Funktion, Zellbezug oder -name erkannt.
#NV	Ein Wert für eine Funktion oder Formel ist nicht verfügbar.
#BEZUG!	Ein Zellbezug ist ungültig.
#ZAHL!	Eine Formel oder Funktion enthält ungültige numerische Werte.
#NULL!	Ein Schnittpunkt für zwei Bereiche wurde angeben, für die kein Schnittpunkt existiert.

ABB. 27: Häufige Fehlerhinweise

dem Fehlerhinweis #NAME? vorzugehen. Hierbei kann es sich um einen Tippfehler bei der Eingabe einer Funktion, einem Zellbezug oder der Namensgebung einer Zelle bzw. eines Arbeitsblatts handeln. Das Löschen von Zellen oder ganzen Zeilen und Spalten ist ein häufiger Grund für die #BEZUG!-Fehlermeldung. In diesem Fall ist zu prüfen, ob alle in die Berechnung einbezogenen Zellen noch verfügbar sind. Tritt der Fehlerhinweis #ZAHL! auf, so führt in vielen Fällen die in dieser Zelle eingegebene Formel zu einem Ergebnis, das Excel nicht darstellen kann. Beispielsweise wurde versucht, die Fakultät einer großen Zahl zu berechnen.

2.5 Texte

Jede Zeichenfolge, die Excel nicht als Zahl, Datums-/Zeitwert, Formel oder Funktion erkennt, wird als Text interpretiert. Die Zeichen des Texts werden in der Zelle linksbündig ausgerichtet. Wie in Abschnitt 2.1.8 bereits erläutert, kann es zu Problemen beim Einsatz von Textfeldern in Formeln kommen.

2.6 Eingabe

Im Folgenden wird die Eingabe detaillierter beschrieben. Der Eingabevorgang kann durch bestimmte **Eingabetechniken** beschleunigt werden.

Eingabe der Zelladresse durch Cursorbewegung

Bei größeren Tabellen kann das Problem auftreten, dass bei der Formeleingabe die Adresse einer benötigten Zelle nicht genau bekannt ist. Für diesen Fall ist die Möglichkeit vorgesehen, im Eingabemodus die Zelle durch die Positionierung des Cursors auf die gewünschte Zelle auszuwählen.

Automatisches Eingeben „per Griff"

a) Eine Zelle: Durch Aktivieren einer ausgefüllten Zelle und Positionieren der Maus über der unteren rechten Ecke der Zelle kann bei Eingabe einer Zahl durch Ziehen mit der Maus ein gewünschter zusammenhängender Bereich mit dieser Zahl ausgefüllt werden. Bei vorheriger Datumseingabe lässt sich auch eine aufsteigende Folge von Datumswerten erzeugen.

b) Arithmetische Folge aus zwei Werten: Wenn zwei Zellen mit Werten gefüllt und beide markiert sind, prüft Excel den eingetragenen Datentypen und die Veränderung von einer Zelle zur anderen und erzeugt aufgrund dieser Daten eine arithmetische Folge.

Bereichseingabe

Wenn nur in einen bestimmten Bereich der Tabelle eingegeben werden soll, kann dieser vor der Eingabe markiert werden. Der Cursor bewegt sich dann durch Drücken der Eingabetaste nur in diesem Bereich.

Falls ein bestimmter Wert in sämtliche Zellen des Bereichs eingetragen werden soll, so muss die Eingabe nur einmal erfolgen. Durch Markieren des Bereichs, Eingabe der Zahl und Betätigen der Tastenkombination (Strg)(↵) wird der gesamte Bereich mit den Daten der aktiven Zelle gefüllt.

Eingabe eines Zellkommentars

Jeder Zelle kann ein **Kommentar** zugeordnet werden. Hierzu ist aus der **Kommentare**-Befehlsgruppe im Register *Überprüfen* der Befehl **Neuer Kommentar** auszuwählen oder die Tastenfolge ⒜ⓅⓀ zu drücken. Die Zelle mit dem Kommentar wird durch ein kleines rotes Dreieck in der rechten oberen Ecke gekennzeichnet, wie in Abb. 28 dargestellt. Der Kommentar erscheint automatisch, wenn sich der Mauszeiger auf dieser Zelle befindet.

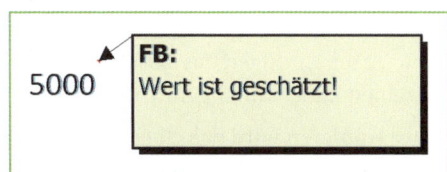

ABB. 28: Ausgeben eines Kommentars

2.7 Editieren

Unter Editieren ist das Manipulieren bzw. Bearbeiten von Daten zu verstehen. Hierzu sind zunächst die entsprechenden Zellen zu markieren. Anschließend sind Befehle zum **Einfügen**, **Löschen**, **Kopieren** und **Verschieben** von Zellinhalten durchführbar. Da stets markiert werden muss, wird bei der Beschreibung der folgenden Befehle ein entsprechender Hinweis nur in Einzelfällen gegeben.

Zum Einfügen von Zeichen in eine Zelle kann nach der Auswahl der Zelle direkt mit der Eingabe begonnen werden. Ein bereits vorhandener Zellinhalt wird dabei jedoch gelöscht. Um dies zu verhindern und den Inhalt anzupassen, kann das Eingabefeld (vgl. Abb. 1, S. 5) angeklickt bzw. durch die Taste ⒡ angesprungen werden. Danach kann der Inhalt wie gewohnt geändert werden.

In eine ausgefüllte Tabelle ist das **Einfügen** von Leerzellen jederzeit möglich. Nach Markieren der Zeile bzw. Spalte durch Anklicken des Zeilen- oder Spaltenkopfes wird über den Befehl ⊞ᵃ Einfügen ▾ der

Zellen-Befehlsgruppe im Register *Start* eine Leerzeile/-spalte vor die markierte Zeile/Spalte integriert. Alternativ kann auch die Tastenkombination [Strg][:] verwendet werden.

Einzelne Zellen können auch „per Griff" – wie bei der wiederholten Eingabe – eingefügt werden. Der Cursor ist zunächst dort zu positionieren, wo die erste Zelle eingefügt werden soll. Anschließend ist die [⇧]-Taste gedrückt zu halten, die Maus an der rechten unteren Ecke des Markierungsrahmens zu positionieren und bei gedrückter Maustaste der gewünschte Bereich an Leerzellen zu markieren. Die angrenzenden Zellen werden automatisch verschoben. In Excel kann analog zum Einfügen das **Löschen** von ganzen Zeilen/Spalten oder einzelnen Zellen durchgeführt werden.

Unter **Kopieren** wird das Übertragen des Inhalts bestehender Zellen in einen anderen Arbeitsmappenbereich unter Beibehaltung des ursprünglichen Zellinhalts verstanden.

Nach Anklicken der Kopierschaltfläche ▦ im Register *Start* oder der Tastenkombination [Strg][C] wird der markierte Bereich von einem Laufrahmen umgeben.

Nun ist die linke obere Ecke des Bereichs anzuklicken, in den die Zellen kopiert werden sollen. Durch Betätigung der Taste [↵] werden die Zellen eingefügt. Alternativ können sie auch über die Einfügeschaltfläche ▦ oder die Tastenkombination [Strg] V in die aktive Arbeitsmappe integriert werden. Auch Formatierungen können von einer Zelle auf eine andere übertragen werden. Dazu ist zunächst die Zelle mit dem gewünschten Format zu markieren, dann sind die Symbolschaltfläche ▨ anzuwählen und anschließend die Zielzelle(n) anzuklicken. Durch Doppelklick auf das Symbol ▨ kann der Anwender mehrere nicht zusammenhängende Zellen nacheinander formatieren, ohne jeweils zwischendurch wieder die Symbolschaltfläche anzuwählen. Der Format-übertragen-Modus wird durch einen erneuten Klick auf die Schaltfläche oder Betätigen der Taste [Esc] beendet.

Zusätzlich kann der Anwender über das Drop-down-Menü **Einfügen** verschiedene Einfüge-Optionen auswählen. So ermöglicht z. B. der Befehl **Transponieren** bzw. die Tastenfolge [Alt][R][V][T] das Einfügen von spaltenweise aufgelisteten Werten in Zeilen und umgekehrt. Je nachdem, was von einer gewählten Zelle in eine andere übertragen werden soll, ist der Eintrag *Formeln, Werte einfügen* oder *Verknüpfen* zu wählen. Der Befehl **Inhalte einfügen** öffnet ein Dialogfenster, in dem benutzerdefinierte Einstellungen zum Einfügen des gewählten Werts gemacht werden können (vgl. Abb. 29). Er ist auch über die Tastenkombination [Alt] [R] [V] [Ü] oder über das Kontextmenü erreichbar.

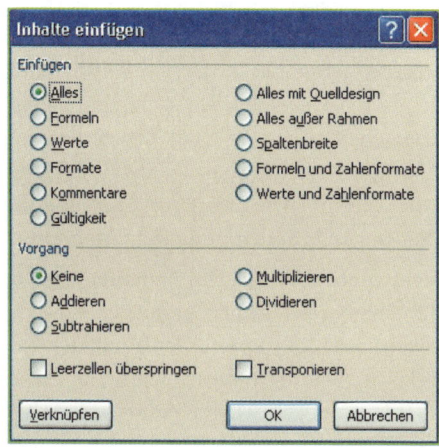

ABB. 29: Einfügen von Inhalten

Beim Kopieren von Formeln und Funktionen sind die Vorschriften der **Adressierung** zu beachten: Bei der Tabellenkalkulation ändern sich die Adressen (= Zellbezüge) beim Kopieren, d. h., es tritt eine Verschiebung ein. Beispielsweise lautet die Formel: „=A1+C6" nach einem Kopiervorgang um zwei Spalten nach rechts und eine Zeile nach unten: „=C2+E7". Diese Formelschreibweise, auch **relative** Adressierung genannt, beschreibt also eine Adresse nicht einfach anhand der Koordinaten, sondern relativ zu der Zelle, in der die Formel steht. Ist diese Standardadressierung nicht erwünscht, kann der Anwender direkt oder über die Funktionstaste [F4] (im Bearbeitungsmodus einer Zelle) ein Dollar-Zeichen vor die zu fixierende Spalten- und/oder Zeilenkennung setzen, z. B. $B$25 oder $B25 oder B$25. Damit wird die Adressierung **absolut** bzw. **gemischt** vorgenommen und die durch das $-Zeichen gekennzeichnete Zeile und/oder Spalte wird unverändert kopiert.

Excel bietet auch die Möglichkeit, das Format der Adressierung auf **Z1S1** zu ändern. Dabei werden die Spalten nicht mehr durch Buchstaben, sondern wie bei den Zeilen durch Zahlen dargestellt. So werden erst die Zeilen- und dann die Spaltenposition angegeben. Bei diesem Format ist nur die **absolute** Adressierung mit dem Standardformat zu vergleichen: Die Adresse Z3S5 ist z. B. mit der Adresse $E$3 identisch. Die **relative** Adressierung ist beim Z1S1-Format abweichend zu interpretieren. Die Ziffern in den Zelladressen geben nicht den Ort, sondern den Abstand zur Zielzelle an. Beispielsweise bedeutet Z(6)S(3) einen Verweis auf die sechs Zeilen tiefer und drei Spalten weiter rechts liegende Zelle. Die Klammersetzung kennzeichnet hierbei die relative Adressierung. Die Einstellung für die Z1S1-Formatierung lässt sich in den Excel-Optionen unter dem Menüpunkt **Formeln** einstellen.

Verschieben von Zellen bedeutet, dass markierte Zellen aus einem Tabellenbereich zunächst ausgeschnitten und in einen anderen Bereich eingefügt werden. Der Inhalt des Ursprungsbereichs wird dabei gelöscht. Die alternative Tastenkombination für das Ausschneiden ist (Strg)(X). Als weitere Möglichkeiten stehen der Eintrag **Ausschneiden** im Kontextmenü oder das Symbol ✂ zur Verfügung.

Zudem kann der Bereich durch Anklicken und anschließendes Ziehen mit der Maus verschoben werden. In diesem Fall ist die Maus auf den Rahmen der markierten Zellen zu positionieren.

2.8 Formatieren

2.8.1 Automatisches Formatieren

Zur Erhöhung der Übersichtlichkeit und Attraktivität einer Tabelle bietet Excel verschiedene Möglichkeiten zur Formatierung an. Die Formatierungen können sich dabei auf das gesamte Arbeitsblatt, einzelne Zeilen und Spalten, bestimmte Zellbereiche, einzelne Zellen oder Zeichenketten innerhalb einer Zelle beziehen. Der gewünschte Bereich ist jeweils im Arbeitsblatt bzw. in der Bearbeitungszeile zu markieren. Die Formatierungsoptionen sind in Excel 2007 ausgefeilter als in den alten Versionen. Verbessert wurden beispielsweise bei der Autoformatierung die Darstellung der Tabellen und die abwechselnde Formatierung von Zellen in einer Tabelle. Die Befehlsgruppe **Formatvorlagen** befindet sich unter dem Register *Start* der *Multifunktionsleiste*. In ihr können die Befehle **Als Tabelle formatieren**, **Zellenformatvorlagen** und **Bedingte Formatierung** (vgl. Abschnitt 2.8.3) angesteuert werden.

Durch Anklicken der Schaltfläche **Als Tabelle formatieren** erscheint eine Übersicht über die vorformatierten Tabellen, die Excel standardmäßig bereitstellt. Über die Schaltfläche **Neue Tabellenformatvorlage** können auch eigene Designs entworfen und abgespeichert werden.

Von den zahlreichen Formaten können zum einen die automatischen Formate von Excel verwendet werden, zum anderen können auch die Formatierungsvorschriften einzeln zugewiesen oder selbst erstellt werden.

Die automatischen Formate stellen eine Gruppe von Formaten dar, die mit dem Befehl **Als Tabelle formatieren** aus der **Formatvorlagen**-Befehlsgruppe des Startregisters oder durch die Tastenfolge ⒜⒭⒯ aufgerufen werden.

Bei einer im Autoformat markierten und formatierten Tabelle erscheint am unteren rechten Rand des ausgewählten Bereichs ein blauer Winkel (vgl. Zelle D3 in Abb. 31). Mit diesem kann das Design und die Tabelle beliebig erweitert oder zurückgenommen werden. Außerdem werden automatisch die **AutoFilter** eingefügt. Diese lassen sich über die Registerkarte *Daten* und das Steuerelement **Filtern** im Bedarfsfall wieder ausstellen. Soll die Autoformatierung rückgängig gemacht werden, ist in den oben gezeigten **Tabellentools** unter dem Dropdown-Menü **Schnellformatvorlagen** die Formatvorlage „Keine" oder in dem Register *Start* der Eintrag *Formate löschen* im Symbol 🖉 in der Menügruppe **Bearbeiten** zu wählen.

Der Befehl Zellenformatvorlagen bietet ähnliche Auswahlmöglichkeiten wie die Tabellenformatierung, allerdings wirkt sich dieser nur

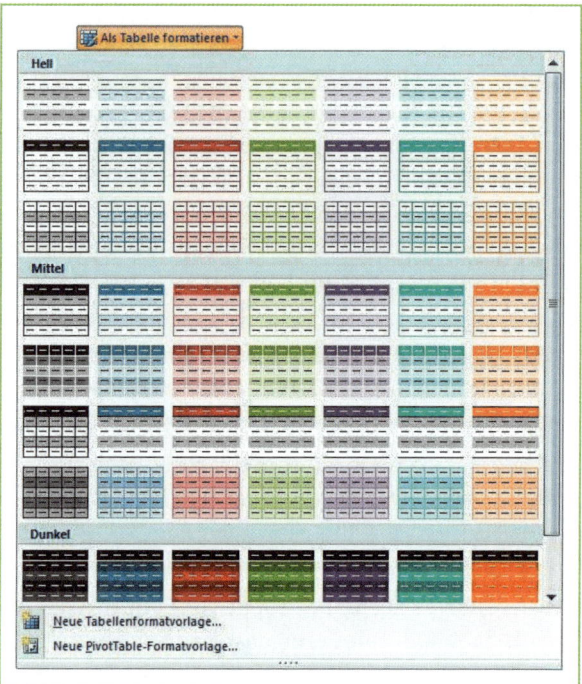

ABB. 30: Tabellenformatvorlagen

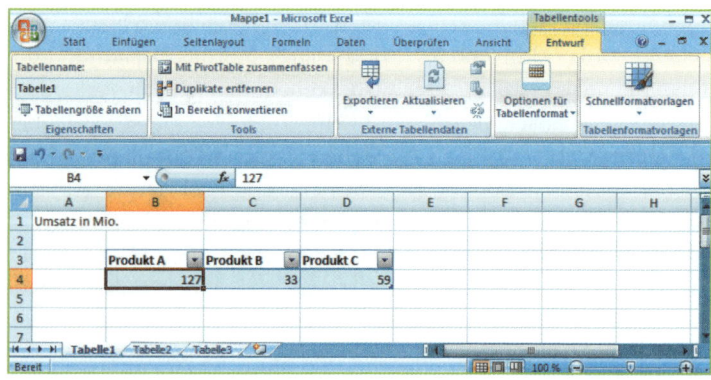

ABB. 31: Tabellenentwurf mit Autoformat

auf die Formatierung der gewählten Zellen aus, nicht auf die Darstellung als Tabelle. Ist das Drop-down-Feld aktiviert, können dort viele Formatvorlagen mittels Livevorschau ausprobiert und auch eigene Formatvorlagen erstellt werden (vgl. Abschnitt 2.8.4).

2.8.2 Manuelles Formatieren

Das **manuelle Formatieren** einzelner Zellen oder Zellbereiche geschieht über die Symbolschaltfläche des *Start*-Registers oder die mittels aktivierte Dialogbox *Zellen formatieren*. Außerdem kann die Tastenfolge Alt T Z oder die Tastenkombination Strg] zum Aufruf der in Abb. 33 gezeigten Dialogbox verwendet werden. Das Startregister enthält für die manuelle Formatierung die Befehlsgruppen **Schriftart**, **Ausrichtung** und **Zahl**.

ABB. 32: Register *Start*

Die Symbole für die Formatierung der Schriftart sind in Fett, Kursiv und Unterstreichung aufgeführt, rechts daneben liegen die Drop-down-Felder zur Rahmenauswahl sowie zur Hintergrund- und Textfarbe. Über das kleine Dreieck an der rechten Seite der Symbole lässt sich ein Menü auffalten, aus dem Werte ausgewählt werden können. Oberhalb dieser Steuerelemente liegen die Einstellungen für die Schriftart und -größe. In der Befehlsgruppe **Ausrichtung** sind die Schaltflächen zur Positionierung des Zeileninhalts zusammengefasst. Zusätzlich besteht die Möglichkeit, über die Schaltfläche die Orientierungsrichtung der Zeichen anzugeben. Die Symbolschaltfläche stellt die Funktion der zentrierten Darstellung in den zusammengefassten Zellen innerhalb einer Markierung zur Verfügung. Das Symbol veranlasst den automatischen Zeilenumbruch auf aktuelle Zellengröße.

Bei Auswahl z. B. der Schrift- oder Zellenfarbe wird der Anwender durch die Livevorschau unterstützt, die den Fokus der aktuellen Farbe direkt in einer Zelle bzw. dem ausgewählten Bereich eines Tabellenblatts darstellt. Übernommen wird die Auswahl erst nach einem Klick auf die bevorzugte Farbeinstellung.

Weitere Befehle werden über die in Abb. 33 dargestellte und über 🖫 zu aktivierende Dialogbox *Zellen formatieren* zur Verfügung gestellt. In den Registern *Zahlen*, *Ausrichtung*, *Schrift*, *Rahmen*, *Ausfüllen* und *Schutz* kann jeweils innerhalb der gewählten Kategorie das Format bestimmt werden.

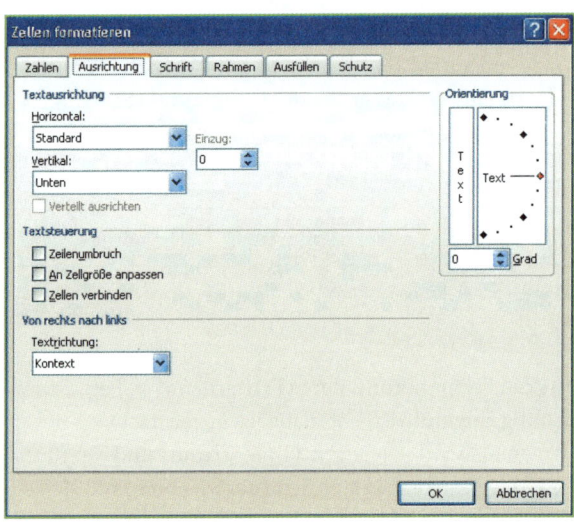

ABB. 33: Befehle zur Formatierung von Zellen

Im Register *Zahlen* werden als Zahlenformate diverse Darstellungsmöglichkeiten angeboten (vgl. Abschnitt 2.9.1). Unter *Ausrichtung* ist neben den Standardeinstellungen, wie Bündigkeit oder Zentrierung, der Zellinhalt vertikal darstellbar oder nach rechts bzw. links drehbar. Über das Kontrollkästchen *Zeilenumbruch* wird Excel aufgefordert, die über die Breite der Zellen hinausgehenden Zelleninhalte automatisch zu trennen. Eine manuelle Nachbearbeitung kann durch Einfügen eines Bindestrichs vollzogen werden.

In den Registern *Schrift* und *Rahmen* können – wie bei einer Textverarbeitung – beispielsweise Schriftart und -größe oder auch die Art eines zu setzenden Rahmens bestimmt werden. Hinter dem Register *Ausfüllen* verbergen sich Formatanweisungen zur farblichen Hinterlegung von Zellen sowie die Möglichkeit, im Hintergrund Muster (z. B. eine Schraffur) einzublenden.

Über das Register *Schutz* können ganze Dokumente oder einzelne Zellen geschützt oder freigegeben werden. Bei den **Schutzvarianten** ist neben dem Datei-, Arbeitsmappen- und Arbeitsblattschutz insbesondere der Zellschutz aufzuführen. Grundsätzlich sind sämtliche Zellen gesperrt, sodass die Zellen der Eingabebereiche zu entsperren sind. Die Felder mit Beschriftungen oder Fixwerten können so vor Manipulation geschützt werden. Der Schutz von Arbeitsmappen kann z. B. bei der Bearbeitung durch mehrere Personen dabei helfen, unbeabsichtigte Veränderungen zu verhindern.

Bei Aktivierung des Arbeitsblattschutzes wird allen Zellen der Status *gesperrt* zugewiesen. Daher muss der Anwender beim Schützen von Zellbereichen stets in zwei Schritten vorgehen:

1. Aufhebung des **Zellschutzes** in den zur Manipulation freigegeben Zellbereichen. Hierzu ist der entsprechende Bereich zu markieren und das Kontrollkästchen *Gesperrt* der Formatierungsdialogbox zu deaktivieren.

2. Aktivierung des Arbeitsblattschutzes über den Befehl **Blatt schützen** aus dem *Überprüfen*-Register. Hierbei kann optional ein Kennwort vergeben werden.

Ein anderer Weg besteht darin, explizit ausgewählte Zellen zu schützen und alle anderen der Manipulation durch den späteren Nutzer freizugeben.

2.8.3   Bedingte Formatierungen

Mit dem Befehl **Bedingte Formatierung** aus der **Formatvorlagen**-Befehlsgruppe, der auch über die Tastenfolge [Alt][T][D] ausgeführt werden kann, ist es möglich, für einen zuvor markierten Zellbereich eine dynamische Formatierung vorzunehmen. Zur Formatierung kann aus den in Abb. 35 vorgegebenen Vorschlägen gewählt werden. Alternativ können über **Neue Regel** benutzerdefinierte Formatierungen erstellt werden. Ändert sich die Aussage des Zellbereichs oder der Zelle, dann ändert sich die Formatierung entsprechend.

ABB. 34: Vorformatierungen für die bedingteF ormatierung

Auch bei der bedingten Formatierung wird dem Benutzer seine Wahl durch die Livevorschau vereinfacht. Die Auswahl der aussagekräftigsten bedingten Formatierung fällt durch die direkte Darstellung der Auswahl im Tabellenblatt deutlich leichter. Dies gilt besonders für das neue Feature der grafisch und symbolisch bedingten Formatierung. Excel 2007 ermöglicht damit das Anzeigen von wertbedingten Zeichen, Farben oder Messbalken innerhalb bzw. im Hintergrund der Zellen einer Auswahl.

Passen die vorgegebenen Formatierungsregeln nicht zum Anwenderproblem, können über den Befehl **Neue Regel** und die daraufhin erscheinende Dialogbox (vgl. Abb. 34) eigene Bedingungen und deren Auswirkungen definiert werden.

Die Vorgabe *Regeltyp auswählen* im oberen Listenfeld der Bedingungsvorgabe gibt die Art der Bedingung vor. Das Feld *Regelbeschreibung*

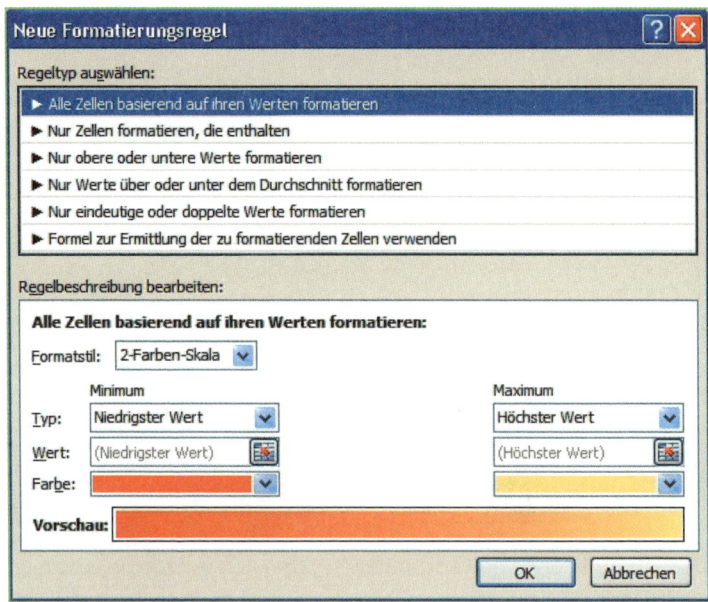

ABB. 35: Bedingungsdialog für die dynamische Formatierung

bearbeiten verändert sich je nach gewähltem Regeltypen und ermöglicht eine Anpassung der verwendeten Bedingungswerte. Um Zellbereiche leichter auswählen zu können, die als Argumente benutzt werden sollen, ist das Verkleinerungssymbol ![icon] zu betätigen. Das Dialogfenster wird dann verkleinert, sodass ein besserer Überblick über die Tabelle hergestellt wird.

Über das unterste Auswahlelement **Regeln verwalten** des Dropdown-Katalogs **Bedingte Formatierung** können bei Markierung von bedingt formatierten Zellen die definierten Regeln erweitert, verändert oder gelöscht werden. Zusätzlich ermöglicht die Checkbox **Anhalten** das Stoppen bei einer Regel, deren Bedingung wahr ist. Damit soll eine Abwärtskompatibilität der erstellten Regeln zu der bedingten Formatierung älterer Excel-Versionen ermöglicht werden, die maximal drei Regeln beherrschen konnten.

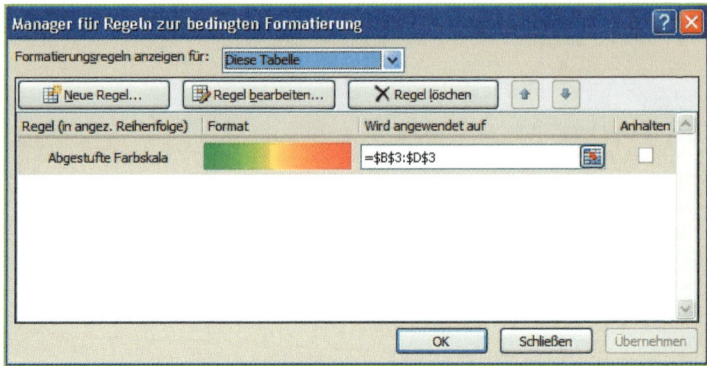

ABB. 36: Regel-Manager des Menüeintrags **Regeln verwalten**

2.8.4 Formatvorlagen

Eine Kombination von verschiedenen Formaten unter einem Namen wird Formatvorlage genannt. Beim Start von Excel werden sämtliche Eingaben im Standardformat formatiert (z. B. mit dem Standardzahlenformat ohne Rahmen und gesperrtem Zellschutz).

Ähnlich den automatischen Formatierungen bietet Excel dem Anwender die Möglichkeit, benutzereigene Formate zu erstellen. Diese Formatvorlagen sind entweder anhand eines Beispiels oder über den Befehl Zellenformatvorlagen und Auswahl des Eintrags *Neue Zellenformatvorlage* bzw. die Tastenfolge [Alt] [R] [L] [N] neu zu erstellen.

Soll eine Formatvorlage anhand einer bereits formatierten Beispielzelle erstellt werden, ist zunächst die Zelle mit den gewünschten Formatierungen zu markieren. Über den Befehl **Zellenformatvorlage** aus der **Formatvorlagen**-Befehlsgruppe des *Start*-Registers oder mittels der Tastenfolgen [Alt] [T] [V] bzw. [Alt] [R] [L] [N] kann anschließend die in Abb. 37 dargestellte Dialogbox aufgerufen werden. In das Eingabefeld *Name der Formatvorlage* ist die Bezeichnung für die neue Formatvorlage einzutragen. Sollen nicht alle Formatierungen der Beispielzelle übernommen werden, sind entsprechend die Checkboxen des Dialogs auszuwählen.

Wurden alle Einstellungen vorgenommen, so ist der Schalter *OK* zu betätigen, bevor die Dialogbox geschlossen wird.

ABB. 37: Dialogbox für Formatvorlagen

Soll eine Formatvorlage vollkommen neu erstellt werden, ist zunächst so vorzugehen, wie dies für die Erstellung auf Basis einer Beispielzelle beschrieben wurde. Nachdem der neue Vorlagenname hinzugefügt wurde, ist die Option **Formatieren** anzuwählen. Daraufhin öffnet sich die Dialogbox zum Formatieren von Zellen. Hier können entsprechend den Anforderungen an die neue Formatvorlage alle Einstellungen vorgenommen werden. Für die einzelnen Optionen sei auf Abschnitt 2.8.2 verwiesen. Die neu angelegte Formatvorlage steht anschließend über das Formatvorlagenfeld **Zellenformatvorlagen** unter der Überschrift *Benutzerdefiniert* zur Verfügung.

Eine Formatvorlage kann auch in eine andere Arbeitsmappe kopiert werden. Dazu müssen zunächst beide Arbeitsmappen geöffnet sein. Die Zieldatei ist zu aktivieren. Aus der Auswahl der *Zellenformatvorlagen* ist der Eintrag **Formatvorlagen zusammenführen** auszuwählen bzw. die Tastenfolge (Alt)(R)(L)(M) zu betätigen, woraufhin die Dialogbox aus Abb. 38 erscheint.

ABB. 38: Zusammenführen von Formatvorlagen verschiedener Arbeitsmappen

Die Arbeitsmappe, die die zu kopierende Formatvorlage enthält, kann
nun ausgewählt werden. Damit stehen in der aktiven Arbeitsmappe die
Formatvorlagen aus der markierten Arbeitsmappe zur Verfügung.

Formatvorlagen eines „Basisdokuments" können auch als **Muster-
vorlagen** benutzt werden. Sinnvolle Beispiele hierfür sind etwa Rech-
nungsformulare oder Umfragebögen, die als Grundlage für neue Dokumente dienen. Nach Fertigstellung des ersten Arbeitsblatts, das als
Basis dienen soll, ist beim Abspeichern der Arbeitsmappe als Dateityp
Excel-Vorlage auszuwählen, wie in Abb. 39 dargestellt.

Dateiname:	Mappe1.xlsx	
Dateityp:	Excel-Vorlage (*.xltx)	
	Excel 97-2003-Arbeitsmappe (*.xls)	
	XML-Daten (*.xml)	
	Einzelnes Webarchiv (*.mht; *.mhtml)	
	Webseite (*.htm; *.html)	
	Excel-Vorlage (*.xltx)	
	Excel-Vorlage mit Makros (*.xltm)	

ABB. 39: „Vererbung" von Formatvorlagen über eine Mustervorlage

Die Datei erhält die Erweiterung.xltx und kann später zur Erstellung
neuer Dateien verwendet werden. Dazu ist aus der **Office**-Schaltfläche
der Eintrag **Neu** auszuwählen und in der linken Seitenleiste **Meine
Vorlagen** anzuklicken. Statt über das Menü den Befehl auszuwählen,
kann auch die Tastenfolge (Alt)(D)(N) benutzt werden, um die Seitenleiste

auf den Bildschirm zu holen. Soll die Vorlage abwärts kompatibel zu älteren Excel-Versionen gespeichert werden, ist der Dateityp.xlt für Excel 97-2003-Vorlagen zu wählen.

Wenn eine Mustervorlage über **Neu** aktiviert wird, öffnet sich stets nur eine Kopie der Mustervorlage. Wenn die Originalvorlage geändert werden soll, ist die Datei wie gewöhnlich über den **Öffnen**-Befehl zu laden.

Falls das Öffnen der Mustervorlage bei jedem Start von Excel erwünscht ist, muss die Datei im Verzeichnis Xlstart (vgl. hierzu auch Abschnitt 1.2.8.1) gespeichert werden.

2.9   Kalkulieren

2.9.1   Funktionen

Funktionen sind in Excel als spezielle Formeln definiert. Die wichtigsten Funktionskategorien unter Excel sind Logik, Information, Mathematik/Trigonometrie, Finanzmathematik, Statistik, Datum/Zeit, Text, Datenbank, Matrix, Konstruktion und Cube. Im folgenden Abschnitt sollen die wichtigsten Funktionen und deren Aufruf erläutert werden.

Excel 2007 bietet bei Eingabe von Formeln in eine Zelle ab dem ersten Buchstaben nach dem Gleichheitszeichen eine Liste mit Funktionen, die mit diesem Buchstaben beginnen (die AutoVervollständigen-Funktion).

In der in Abb. 40 abgebildeten Dialogbox *Funktion einfügen* sind verschiedene **Kategorien** von Funktionen enthalten. Voreingestellt ist die Kategorie der zuletzt verwendeten Funktionen. Durch Klicken auf die Liste *Kategorie auswählen* können die unterschiedlichen Funktionsklassen von Excel angezeigt und selektiert werden. Aus der unteren Auswahlliste kann die benötigte **Funktion** ausgewählt werden. Nachdem die Schaltfläche **OK** betätigt wird, gelangt der Anwender zu einer zweiten funktionsabhängigen Dialogbox, die in Abb. 41 exemplarisch dargestellt wird. In dieser werden spezielle **Argumente** der gewählten Funktion eingetragen. Aber auch eine Verschachtelung mehrerer Funktionen ist an dieser Stelle möglich. Um Zellbereiche leichter auswählen zu können, die als Argumente benutzt werden sollen, ist das Symbol [image] zu verwenden. Das Dialogfenster wird verkleinert und der Anwender erhält einen größeren Überblick über die Tabelle.

ABB. 40: Vordefinierte Funktionen

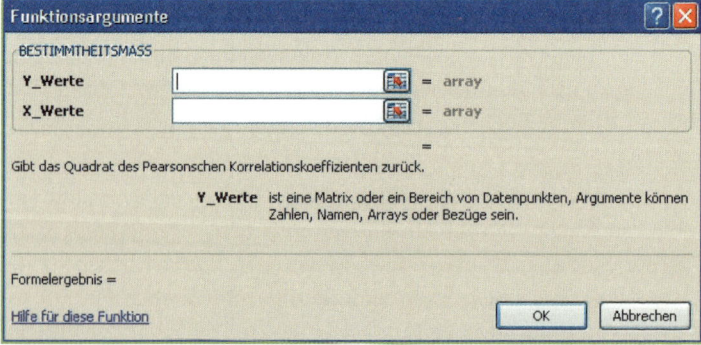

ABB. 41: Beispiel für einen funktionsabhängigen Dialog zur Bestimmung einer Funktion

Einige **Beispiele** sollen die Anwendungsmöglichkeiten von Excel-Funktionen aufzeigen. Die logischen Funktionen überprüfen die Verknüpfung übergebener Argumente auf ihren Wahrheitswert (vgl. Abb. 42).

Funktion	Beschreibung
FALSCH()	Erzeugt den Wahrheitswert „falsch" und benötigt keine weiteren Argumente.
NICHT(Wahrheitswert)	Kehrt den Wahrheitswert in sein Gegenteil um.
ODER(Wahrheitswert1; Wahrheitswert2; …)	Gibt als Ergebnis „wahr" aus, wenn mindestens ein Wahrheitswert wahr ist.
UND(Wahrheitswert1; Wahrheitswert2;…)	Liefert „wahr" als Ergebnis, wenn sämtliche Argumente wahr sind, anderenfalls wird „falsch" ausgegeben.
WAHR()	Erzeugt den Wahrheitswert „wahr" und benötigt keine weiteren Argumente.
WENN(Bedingung; [Dann_Wert];[Sonst_Wert])	Liefert als Ausgabe den Dann_Wert, wenn Bedingung wahr ist, sonst den Sonst_Wert

ABB. 42: Verschiedene Logik-Funktionen

Der Dann_Wert bzw. Sonst_Wert der WENN-Funktion kann wieder eine Funktion sein. Die „Funktion in der Funktion" wird über das Listenfeld links neben dem Eingabefeld aufgerufen. Hat der Anwender die Eingabe der Argumente beendet, muss der Cursor wieder zurück zur Ausgangsfunktion in der Eingabeleiste platziert werden. Excel wechselt wieder zur „angesteuerten" Funktion und dort kann der Anwender erneut die Argumente bearbeiten. In diesem Fall handelt es sich um eine verschachtelte Funktion. Bis zu 64 Verschachtelungen sind erlaubt. Allerdings ist hier auf Probleme bei der Abwärtskompatibilität mit älteren Versionen hinzuweisen, da z. B. in Excel 2003 nur maximal sieben Verschachtelungen unterstützt werden. In Abb. 43 ist exemplarisch eine Verkettung einer UND() mit einer WENN()-Funktion dargestellt worden.

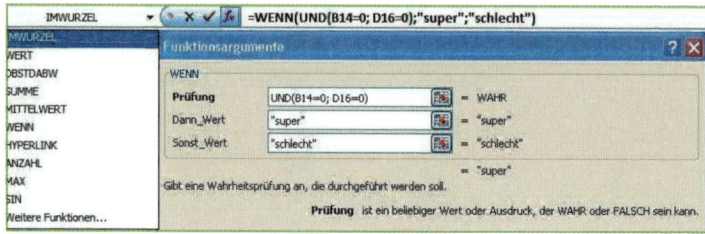

ABB. 43: Beispiel für eine verschachtelte Funktion

Die wichtigsten finanzmathematischen Funktionen sind in Abb. 44 aufgeführt worden.

Funktion	Beschreibung
IKV(Werte; Schätzwert)	Interner Zinsfuß
NBW(Zins;Wert1; Wert2…)	Kapitalwert
BW(Zins;Zzr;Rmz;Zw;F)	Kapitalwert bei konstantem Einzahlungsüberschuss
RMZ(Zins;Zzr;Bw;Zw;F)	Annuität
ZW(Zins;Zzr;Rmz;Bw;F)	Endwert

ABB. 44: Funktionen aus dem Bereich der Finanzmathematik

Leider stimmen die Bezeichnungen der Argumente nicht mit den Standardbegriffen der Finanzmathematik überein. In Abb. 45 werden die Bezeichnungen gegenübergestellt.

Excel	Finanzmathematik
Bw (Barwert)	Kapitalwert (hat die gleiche Bedeutung wie die Funktion BW)
F (Fälligkeit (optional))	Zahlung am Periodenanfang oder am Periodenende (= Standard)
Rmz (regelmäßige Zahlung)	Annuität
Zw (zukünftiger Wert)	Endwert
Zins	Kalkulationszinsfuß
Zzr (Zahlungszeitraum)	Nutzungsdauer

ABB. 45: Synopse finanzmathematischer Begriffe

2.9.2 Zwei- und mehrdimensionale Verknüpfungen

Excel bietet die Möglichkeit, Formeln über zwei Arbeitsblätter hinweg miteinander zu **verknüpfen**. Dazu ist in der Eingabezelle des Zielarbeitsblatts das Gleichheitszeichen einzugeben und anschließend das Register des Arbeitsblatts mit der zu verknüpfenden Zelle anzuklicken. Es öffnet sich das betreffende Arbeitsblatt, auf dem der Anwender die gewünschte Zelle durch Anklicken markiert. Nach dem Betätigen der Taste ↵ wird wieder in das Zielarbeitsblatt verzweigt. Dort wird die Formel in der Eingabezeile angezeigt.

Ein Bezug zur Zelle A3 des Arbeitsblatts *ExBuch* hat die Form:

=ExBuch!$A$3

Nach dem Gleichheitszeichen erscheint die zu verknüpfende Tabelle. Das direkt angeschlossene Ausrufezeichen dient als Trennzeichen zur folgenden Zelladresse. Eine manuelle Eingabe in dieser Form ist ebenfalls möglich. Diese Technik zum Herstellen von Verknüpfungen ist dann zu empfehlen, wenn Excel das Anklicken der Zieladresse nicht gestattet.

Adressen, die sich auf eine Reihe von Arbeitsblättern einer Arbeitsmappe beziehen, werden als **3D-Bezüge** bezeichnet. Ein Beispiel hierfür ist:

=SUMME(Tabelle1:Tabelle4!$C$5:$C$9)

Eine derartige Adresse verweist auf den Zellbereich C5 bis C9 der Arbeitsblätter Tabelle1 bis einschließlich Tabelle4. Damit werden insgesamt 20 Zellen adressiert und summiert.

Für das obige Beispiel ist im Zielarbeitsblatt die Ergebniszelle zu markieren und =SUMME(einzugeben. Anschließend muss der Anwender das Blattregister „Tabelle1" auswählen. Dort ist der Zellbereich C5 bis C9 zu markieren. Daraufhin ist ⇧ gedrückt zu halten und auf das Blattregister „Tabelle4" zu klicken. Alle Blätter zwischen den Blättern der „Tabelle1" und der „Tabelle4" werden in den Bezug mit eingebunden. Betätigt der Anwender ↵, erscheint die Formel mit

3D-Bezug in der entsprechenden Zelle des Zielarbeitsblatts. Allerdings ist zu beachten, dass beim Einfügen von Zeilen oder Spalten keine dynamische Anpassung der Verweise erfolgt. Hier liegt ein typischer Anwendungsfehler, der sich in fehlerhaften Ergebnissen bei der Datenverdichtung äußert.

2.9.3   Zahlenfolgen

Mit Excel können auf einfache Weise Berechnungen von Zahlenfolgen durchgeführt werden. Es sei darauf hingewiesen, dass in der Terminologie von Excel anstelle des in der Mathematik verwendeten Begriffs „Folge" der Begriff „Reihe" verwendet wird.

Nach Eintragen des Anfangswerts in die erste Zelle und deren Markierung ist aus dem Register *Start* das Drop-down-Menü 🔽 ▾ *(Füllbereich)* und dort der **Reihe**-Befehl auszuwählen. Alternativ kann dieses Kommando auch über die Tastenfolge (Alt) (R) (F) (I) (H) erreicht werden. Es öffnet sich die in Abb. 46 gezeigte Dialogbox *Reihe.* Dort sind vor allem der **Reihentyp** (z. B. **linear** oder **geometrisch**) und das **Inkrement** (d. h. der Wert, um den die Folge sukzessiv erhöht oder vermindert wird) zu bestimmen. In der Optionsgruppe *Zeiteinheit* kann spezifiziert werden, ob eine Datumsfolge um Tage, Wochentage, Monate oder Jahre erhöht werden soll.

ABB. 46: Dialogfeld zur Eingabe und Definition einer Reihe

2.9.4 Fehlersuche

Sollte bei einer Berechnung ein Fehler auftreten, erscheint nicht der Ergebniswert der Berechnung, sondern eine Fehlermeldung. Der **Excel-Detektiv** hilft dem Anwender, Zusammenhänge aufzudecken und so die Fehlerursache zu identifizieren (vgl. Abb. 47).

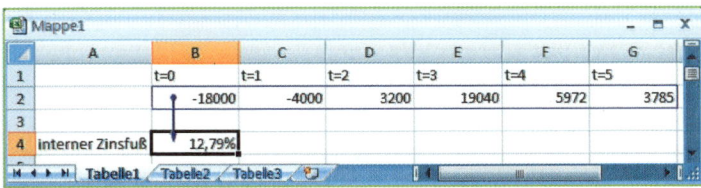

ABB. 47: Beispiel zum Excel-Detektiv

Über das Drop-down-Menü **Formelüberwachung** des *Formeln*-Registers können die verschiedenen Funktionalitäten des Excel-Detektivs angewählt werden.

ABB. 48: Drop-down-Menü **Formelüber-wachung**

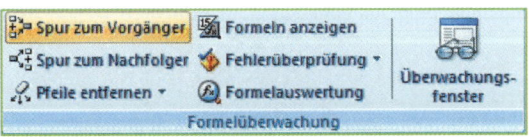

Über die in Abb. 48 dargestellte Symbolleiste *Formelüberwachung* oder den entsprechenden Befehl ist es möglich, Pfeile anzeigen zu lassen, die die Zellbezüge zurückverfolgen. Auf diese Weise wird das Verständnis für die Verhaltensweisen und Bedingungen von Formeln und Zellen zueinander deutlich vereinfacht.

Bei Verwendung des Detektivs werden Zellen, die Bestandteil einer Formel sind, mit einem Rahmen markiert. Spuren werden durch Pfeile aufgezeigt: Spuren identifizieren also solche Zellen, die in eine Formel einfließen. Tritt ein Fehler auf, etwa eine Division durch Null, so kann der Detektiv erkennen, durch welchen Zellinhalt die Fehlermeldung bedingt wurde. Zum Löschen der Pfeile ist die Symbolschaltfläche **Pfeile entfernen** innerhalb der Symbolleiste anzuklicken.

2.10 Zielwertsuche und Optimierung

2.10.1 Zielwertsuche

Die Zielwertsuche ermöglicht dem Anwender die Bestimmung von kritischen Werten innerhalb einer Gleichung. Ist der formelmäßige Zusammenhang bekannt und liegt auch das Ergebnis der Formel vor, so kann dieser kritische Wert durch ein internes Suchverfahren bestimmt werden.

In Abb. 49 wird derjenige Zinssatz gesucht, der bei der abgebildeten Zahlungsreihe zu einem Barwert von 10.200 € führt. Das Feld B4 kann in diesem Fall leer bleiben, da der gesuchte Zinssatz unbekannt ist. Über das Symbol für die *Was-wäre-wenn-Analyse* des *Daten*-Registers und Auswahl des Eintrags **Zielwertsuche** wird das in Abb. 49 dargestellte Fenster geöffnet.

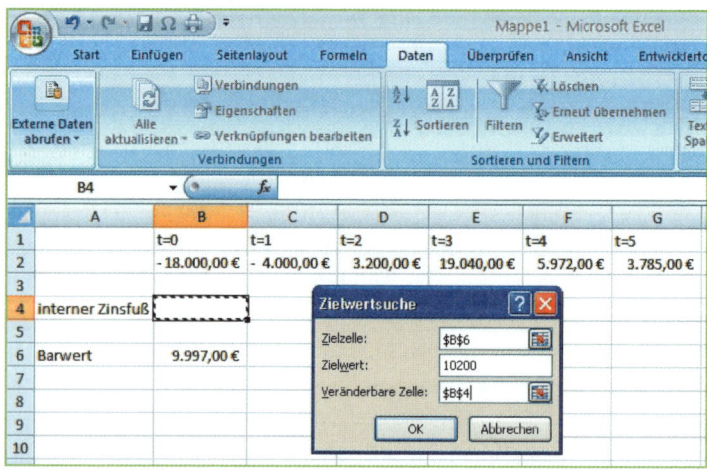

ABB. 49: Eingabe der Daten für die Zielwertsuche

Lediglich drei Felder sind auszufüllen. Unter Zielzelle wird diejenige Zelle eingetragen, in der die Formel enthalten ist, in der also nach der Zielwertsuche ihr Wert von 10.200 € stehen soll: B6. Anschließend ist der Zielwert von 10.200 in das darunter liegende Feld einzutragen. Schließlich ist die veränderbare Zelle zu bestimmen, in der Excel – mit Null beginnend – so lange den Zinssatz erhöht, bis das zutreffende Ergebnis erzielt wird (B4). Mit ⏎ wird die Eingabe abgeschlossen und die Berechnung gestartet.

2.10.2 Solver

Mit dem Solver können Optimierungen unter Nebenbedingungen vorgenommen werden. Hier sei in erster Linie auf die Lineare Programmierung unter Verwendung des Simplex-Algorithmus hingewiesen.

Zur Optimierung ist aus der **Analyse**-Befehlsgruppe im Register *Daten* der Befehl **Solver** auszuwählen. Da es sich bei dem Solver um ein so genanntes Add.-In handelt, könnte bei nicht standardgemäßer Installation dieser Befehl in der Liste fehlen. Das Solver-Add-In muss dann nachträglich installiert werden. Für die Installation ist in den **Excel**-Optionen der Menüpunkt **Add-Ins** zu wählen. Das Steuerelement **Gehe zu** neben dem Listenfeld **Verwalten**, das auf Excel-Add-Ins stehen sollte, führt zur Dialogbox **Add-Ins**, in der das Kontrollkästchen für den *Solver* zu aktivieren ist. Die weitere Installation erfolgt automatisch. Eventuell muss die Microsoft-Office-CD oder -DVD eingelegt werden.

Das sich öffnende Dialogfenster verlangt zunächst nach der Angabe der Zielzelle (vgl. Abb. 50). Diese muss eine Formel beinhalten, die sich auf die zu ändernden Parameter bezieht. In der Zeile darunter befinden sich drei Optionsschaltflächen mit den Optionen **Max**, **Min** und **Wert**. Hier kann der Anwender einstellen, ob der zu bestimmende Wert maximiert oder minimiert werden soll oder ein numerisch fixierter Zielwert zu erreichen ist.

Da nicht alle Elemente der Formel variiert werden sollen, sondern nur einige ausgewählte, sind diese Zellen in das Feld **veränderbare Zellen** einzutragen. Da sich Zellbezüge über mehrere Stufen vererben können, dürfen hier auch solche Zellen eingetragen werden, die sich nur mittelbar auf die Berechnungsformel für den Zielwert beziehen. Insgesamt können hier bis zu 200 veränderbare Zellen eingetragen werden.

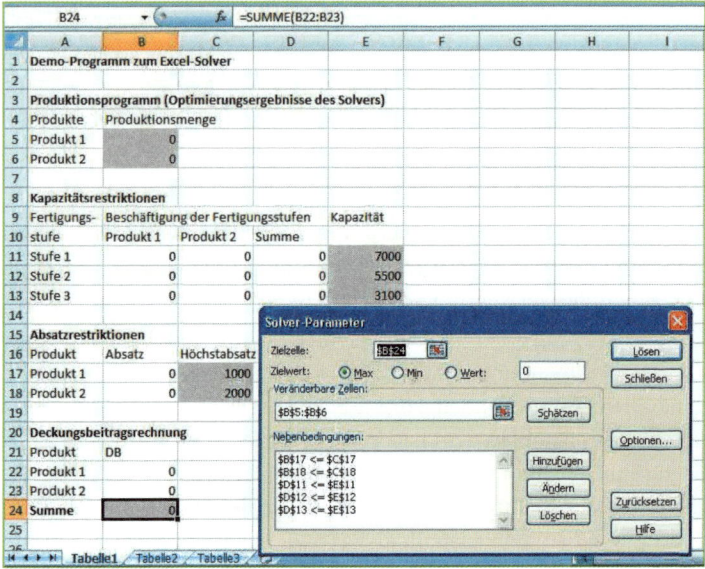

ABB.50: Bestimmung der Solver-Parameter

Im Feld **Nebenbedingungen** können die Bedingungen eingetragen werden, die bei der Berechnung eines Optimalwerts berücksichtigt werden müssen, z. B. Kapazitäts- oder Absatzrestriktionen.

Über den **Optionen**-Schalter gelangt der Anwender zu weiteren Einstellungen für den Solver. Einige sollen im Folgenden kurz erläutert werden.

Mithilfe der **Höchstzeit** kann die für den Lösungsprozess benötigte Zeit begrenzt werden. Der Standardwert liegt bei 100 Sekunden und kann bis auf einen Höchstwert von 32.767 Sekunden verändert werden. Dies sind in etwa neun Stunden Rechenzeit.

excel - Soccer

GEAR

TIVE

TEVES

3094

05
Ci

dner

tal

Um eine Berechnung zu beschleunigen, kann die Anzahl der verwendeten **Iterationen** begrenzt werden. Auch hier liegt die Standardeinstellung bei 100 und genügt damit vielen kleineren Anwendungen. Auch hier kann der Wert bis auf 32.767 erhöht werden.

Die **Genauigkeit** der Lösung kann parametrisch gesteuert werden. Der Parameter liegt zwischen 0 und 1. Je kleiner dieser Wert ist, desto genauer erfolgt die Berechnung.

Nach Beendigung der Berechnung öffnet sich die *Ergebnis*-Dialogbox, die neben dem gefundenen Ergebnis weitere Optionen enthält. Wird der Lösungsvorschlag akzeptiert, ist das Ergebnis mit dem Schalter **Lösung verwenden** in das aktuelle Arbeitsblatt zu übernehmen. Sollen die veränderten Werte *nicht* verwendet werden, so ist die Option **Ausgangswerte wiederherstellen** zu wählen. Reports können über **Berichte** erzeugt werden, wobei für jeden ausgewählten Berichtstypen ein separates Blatt in der Arbeitsmappe zugeordnet wird. Die **Antwort**-Option dient dem Vergleich der Ausgangssituation mit den Ergebnissen der Berechnung. Nachdem diese aktiviert wurde, listet Excel die Zielzelle und die veränderbaren Zellen mit den ursprünglichen Ausgangswerten und den ermittelten neuen Werten auf und zeigt die eingetragenen Nebenbedingungen an. Die **Grenzwert**-Option stellt sowohl die Zielzelle und die veränderbaren Zellen mit den jeweiligen Ergebniswerten als auch die oberen und unteren Grenzwerte dar.

Eine weitere Option der Ergebnisanzeige ist die **Sensitivität**. Sie zeigt an, wie sich marginale Änderungen in der Formel der Zielzelle oder den Formeln der Nebenbedingungen auf die Lösung auswirken.

3 Grafiken

3.1 Diagramme

3.1.1 Erzeugen von Diagrammen

Um in Excel ein Diagramm erzeugen zu können, bedarf es einer Tabelle, die mindestens eine Datenreihe enthält. Das in Abb. 51 verwendete Beispiel enthält Daten von drei Automarken.

ABB. 51: Mustertabelle zum Erzeugen eines Diagramms

Der Anwender kann eine der Zellen des darzustellenden Tabellenbereichs auswählen oder er markiert den gesamten Bereich und bringt das *Ribbon*-Register *Einfügen* in den Vordergrund, um aus der Befehlsgruppe **Diagramme** eine Darstellungsvariante für sein Diagramm zu wählen. Excel erstellt dann aus dem markierten Bereich ein Diagramm, das auf dem Tabellenblatt abgelegt wird. Alternativ kann die Tastenfolge (Alt)(I)(A) zum Aufrufen der **Diagramm einfügen**-Dialogbox (vgl. Abb. 52) genutzt werden.

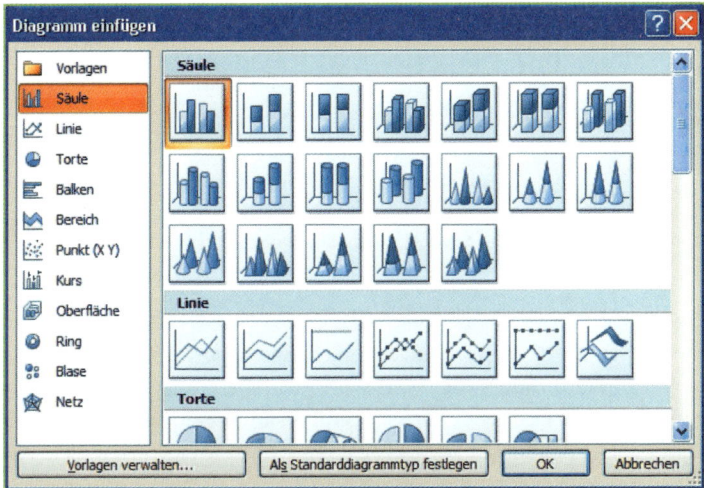

ABB. 52: Dialogbox zum Einfügen von Diagrammen

3.1.2 Bearbeiten von Diagrammen

Veränderungen am Diagramm können mithilfe kontextbezogener Registerkarten, die bei Auswahl eines Diagramms unter der Überschrift *Diagrammtools* in der Multifunktionsleiste angezeigt werden, oder über das Kontextmenü vorgenommen werden.

Unter *Diagrammtools* stehen verschiedene Funktionen zur Bearbeitung von Diagrammen zur Verfügung. Im Register *Entwurf* finden sich Einstellungen zur Darstellung der vorgegebenen Daten und der Formatierung des Diagramms. So kann direkt im Register aus einer Galerie schematischer Diagrammansichten eine bevorzugte Formatvorlage für ein Diagramm ausgewählt werden. Außerdem wird über den Befehl **Diagramm verschieben** die Darstellung des Diagramms, als eingefügte Grafik oder als eigenes Tabellenblatt, gesteuert.

Ein Diagramm besteht aus einer Vielzahl von Elementen, die auch einzeln verändert werden können. Hierzu ermöglicht die Registerkarte *Layout* (vgl. Abb. 53) die Einstellung der Hauptelemente (z. B. Titel,

Legende, Reihen, Datenbeschriftungen oder auch Hintergrund und
Name des Diagramms).

ABB. 53: Einstellungen des Layouts für ein Diagramm

Über das Listenfeld *Diagrammelemente* links oben lassen sich einzelne
Elementgruppen auswählen. Ist ein Element bzw. die Gruppe ausgewählt, kann dieses über Auswahl formatiert und der daraufhin
erscheinenden Dialogbox den eigenen Vorstellungen gemäß angepasst
werden. Der Befehl **Auf Formatvorlage zurücksetzen** ermöglicht ein
einfaches Rückstellen auf die Anfangswerte, auch wenn dies nicht
mehr über die Schaltfläche **Rückgängig** auf der Schnellzugriffleiste
durchzuführen ist. Über das Befehlsfeld **Einfügen** kann der Anwender weitere Grafikelemente (Grafiken, Formen oder Textfelder) in das
Diagramme infügen.

Das Drop-down-Feld **Eigenschaften** lässt nur die Bearbeitung des
Namens zu, den das Diagramm innerhalb einer Arbeitsmappe erhält.
Der Name wird allerdings auch über das Namensfeld (vgl. Abb. 1, S. 5)
angezeigt und kann auch dort verändert werden. Die weiteren Elemen-
te des Registers *Layout* sind selbsterklärend oder mittels **QuickInfo** in
Funktion und Anwendung ausführlich beschrieben. Der Drop-down-
Katalog **Analyse** wird in Abschnitt 3.1.3 genauer beleuchtet.

Das Register *Format* dient der Bearbeitung der im Layout und Entwurf gewählten Elemente. Es lassen sich hier Füll- und Formeneffekte,
Schriften und Farben sowie die Größe des Diagramms einstellen.
Auch hier kann über **Diagrammelemente** eine bestimmte Gruppe
von Elementen angewählt werden.

3.1.3 Trendanalyse

Um Prognosen über die Verteilung oder das Ergebnis einer Analyse geben zu können, werden bestehende Datenreihen einer Regressionsanalyse unterworfen. Unter der Befehlsbezeichnung **Analyse** können entsprechende Analysen durchgeführt werden: Auf Basis einer Regressionsanalyse kann aus einem Diagramm eine Trendlinie abgeleitet und diese über den tatsächlichen Datenbestand hinaus verlängert werden. Hierbei kann auch ein gleitender Durchschnitt verwendet werden, um Ausreißer bei der Berechnung zu eliminieren.

Trendlinien können zu Datenreihen erzeugt werden, die in nicht gestapelten zweidimensionalen Flächendiagrammen dargestellt werden, sowie in Balken-, Säulen-, Linien-, Kurs-, Punkt (XY)- und Blasendiagrammen. In gestapelten Diagrammen, 3D-, Netz-, Kreis- und Ringdiagrammen kann keine Trendlinie hinzugefügt werden. Bei Veränderung eines Diagrammtypen gehen die zugehörigen Trendlinien verloren. Soll eine Regressionsanalyse erfolgen, ist das entspre-

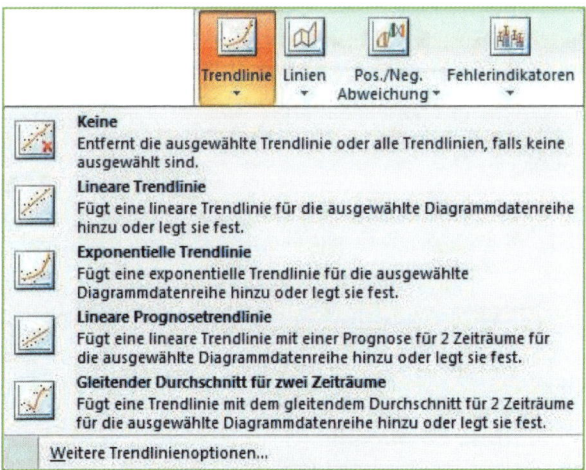

ABB.54: Unterschiedliche Trend-/Regressionsarten

chende Diagrammblatt zu aktivieren, der eine Trendlinie hinzugefügt werden soll.

Über das Listenmenü **Trendlinie** aus dem Drop-down-Menü **Analyse** oder über die Tastenfolge [Alt] [J][Y][Z][A][N] wird das in Abb. 54 dargestellte Menü zur Bestimmung des gewünschten Regressionstypen aufgerufen. Wird einer der Einträge ausgewählt, erscheint eine Abfrage, welche Datenreihe mit der Trendlinie dargestellt werden soll, falls vorher keine der Datenreihen ausgewählt wurde. Über den Eintrag *Weitere Trendlinienoptionen* kann die in Abb. 55 dargestellte Dialogbox zur Auswahl von benutzerdefinierten Werten der Trendlinie geöffnet werden.

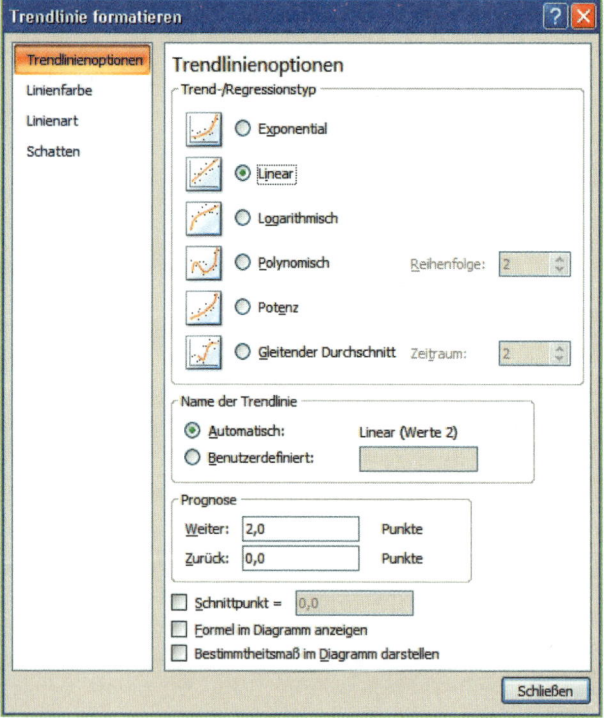

ABB. 55: Optionen für Trendlinien

Weiter kann im Menü **Analyse** der Befehl *Linien* zur Darstellung von Spannweiten- oder Bezugslinien in Linien- oder Flächendiagrammen ausgewählt werden. Der Befehl **Positive/Negative Abweichung** kann zum Symbolisieren des Vorzeichens der Abweichung zweier Linien im Diagramm verwendet werden. Die Auswahl im Menü **Fehlerindikatoren** stellt zu jedem Datenpunkt die Fehlerspannweite zu verschiedenen statistischen Maßen dar.

In dem Menüpunkt *Trendlinienoptionen* ist der Regressionstyp (z. B. linear, logarithmisch oder exponentiell) zu bestimmen, der zu verwenden ist; alternativ ist der gleitende Durchschnitt auszuwählen. Zusätzlich kann der Trendlinie eine selbstdefinierte Bezeichnung gegebenw erden.

Wurde die Wahl für eine polynomische Regression getroffen, ist im Feld *Reihenfolge* diejenige Zahl einzustellen, die als höchste Potenz für die unabhängige Variable innerhalb der Regression gelten soll.

Entscheidet sich der Anwender nicht für eine Regression, sondern für die Bildung des gleitenden Durchschnitts, ist im Feld *Zeitraum* die Anzahl der Perioden einzugeben, die bei der Berechnung des gleitenden Durchschnitts berücksichtigt werden sollen. Je höher hierbei die Zahl ist, desto mehr Ausreißer werden eliminiert, aber desto weiter entfernt liegt auch das Ergebnis des Durchschnitts vom eigentlichen Analyseergebnis.

Im Menüeintrag *Prognose* kann, wie in Abb. 55 gezeigt, die Anzahl der Trendeinheiten – in der Regel die zu berücksichtigenden Perioden – vorwärts und rückwärts bestimmt werden. Außerdem kann ein bestimmter Schnittpunkt der Trendlinie mit der Y-Achse erzwungen und die Gleichung sowie das Bestimmtheitsmaß der Trendlinie im Diagramm angezeigt werden. Aus dem zwischen 0 und 1 liegenden Bestimmtheitsmaß kann die Güte der Annäherung der berechneten Funktion an die Originalwerte abgelesen werden. Abb. 56 zeigt eine exemplarische Trendlinie mit Regressionsfunktion und Bestimmtheitsmaß für eine Zahlungsfolge.

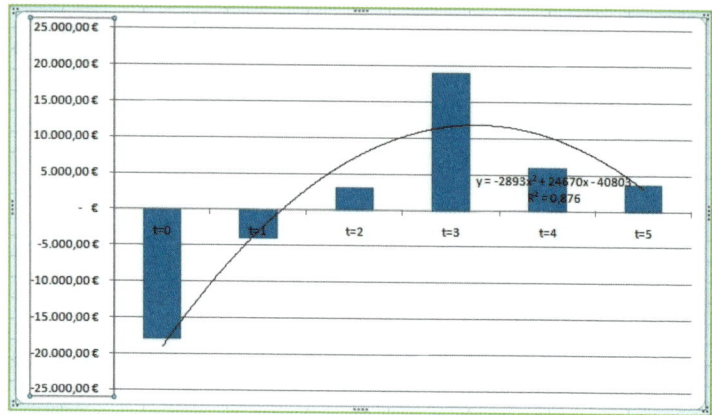

ABB. 56: Trendlinie mit Funktion und Bestimmtheitsmaß

3.2 Zeichnungen

Excel erlaubt das Zeichnen von Linien, gefüllten und ungefüllten Rechtecken, Ellipsen, Textrahmen sowie diverser automatisch hergestellter Figuren (**Formen**). Zusätzlich werden bei Excel 2007 neue Features eingeführt wie die *SmartArts*, die Erweiterung der Farbpalette und eine starke Verbesserung in der Textdarstellung.

Über das Register *Einfügen* können alle von Excel bereitgestellten Text- und Zeichnungselemente in ein Tabellenblatt eingefügt und dann über auswahlspezifische Kontextregister formatiert werden.

Bei Auswahl eines Textelements wie beispielsweise **Textfeld-** oder **WordArt**-Objekten erscheint das unten dargestellte Kontextregister, in dem verschiedene Darstellungsoptionen ausgewählt und konfiguriert werden können. Über die Befehlsgruppe **WordArt-Formate** ist es möglich, eingefügten Text mit Grafikformaten und Texteffekten wie Spiegelungen und 3D-Effekten zu formatieren. Die Form des Rahmens eines eingefügten Objekts kann über die Schaltfläche **Form bearbeiten** verändert werden.

Bei Auswahl eines Elements aus dem Menü **Formen** erscheint das in Abb. 57 dargestellte Kontextregister. Allerdings ist die Auswahl teilweise deaktiviert – je nachdem, ob ein Text in die ausgewählte Form eingefügt werden kann. Gegebenenfalls lässt sich ein Text über einen Klick mit der rechten Maustaste auf das Grafikobjekt und Auswahl des Eintrags *Text bearbeiten* einfügen. Die eingefügte Zeichenfolge kann dann wie oben beschrieben formatiert und angepasst werden.

ABB. 57: Register *Zeichentools*

Ein gezeichnetes Objekt kann durch einen Klick auf den Rand des Objekts markiert werden. Anschließend erscheinen die das Objekt umschließenden Markierungskreise. Soll das Objekt in seiner Größe verändert werden, so geschieht dies durch Anklicken eines Kreises und durch Ziehen der Maus bei gedrückter Maustaste. Soll nicht die Größe, sondern die Position verändert werden, ist ebenso vorzugehen wie beim Vergrößern, jedoch darf hierbei nicht der Klick auf einen Markierungskreis erfolgen, vielmehr muss er eine beliebige Stelle innerhalb der Kreise ansprechen. Wird eine Rotation des Objekts erwünscht, ist derjenige Markierungskreis zu betätigen, der in der Mitte grün ausgefüllt ist. Durch Ziehen dieses Punkts kann der Anwender eine beliebige Rotation des Objekts steuern.

Die Schaltflächen 🔲, 🔼 und 🔽 ermöglichen das Gruppieren mehrerer Objekte, Kippen und Drehen sowie Ausrichten von Zeichnungselementen. Diese sind jedoch meist nur für komplexere Grafiken von Bedeutung. Beim Einfügen von Bildern bzw. Grafiken erscheint das Kontextregister *Bildtools.*

ABB. 58: Kontextregister zu Grafiken

Die Funktionen hier sind ähnlich angeordnet wie in dem oben vorgestellten Register *Zeichen*. Neu ist die Befehlsgruppe **Anpassen**, mit der direkt in die Darstellung des eingefügten Bilds eingegriffen werden kann.

Als letztes Element innerhalb der Zeichnungselemente von Excel sind die *SmartArts* vorzustellen. Dabei handelt es sich um eine Sammlung von Darstellungen für Prozessdiagramme, Organigramme und komplexe Grafiken. Vornehmlich sind sie zu Präsentationszwecken und zur Integration auf Homepages gedacht.

Zum Auswählen einer SmartArt ist im Register *Einfügen* auf die Schaltfläche **SmartArt** zu klicken. Die erscheinende Auswahlbox ist in die Kategorien Liste, Prozess, Zyklus, Hierarchie, Beziehung, Matrix und Pyramide gegliedert. Ein Beispiel für eine Grafik aus dem Bereich Beziehung ist in Abb. 59 dargestellt.

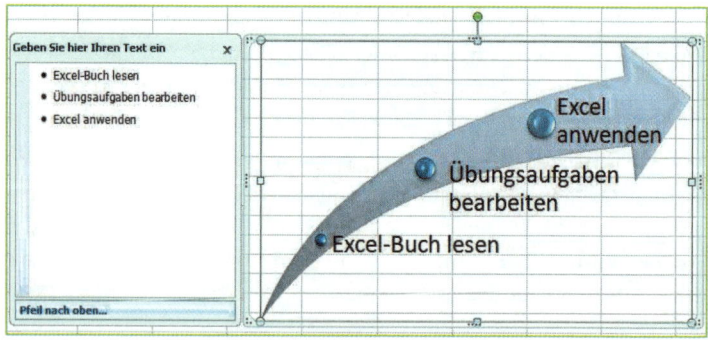

ABB. 59: Beispiel für Darstellungen mit SmartArt

Über das Textfenster zur Linken der Grafik lässt sich der Text einfach erweitern. Bei Auswahl der Grafik wird in der Titelleiste das Kontextregister *SmartArt-Tools* angezeigt. Das Register umfasst, wie in Abb. 62 dargestellt, die Registerkarten *Entwurf* und *Format*.

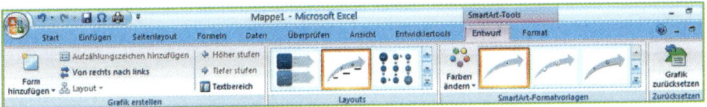

ABB. 60: Kontextregister für SmartArts

Die Befehlsgruppe **Grafik erstellen** dient zur Bearbeitung der einzelnen Grafikelemente. Im oben dargestellten Beispiel würde **Form hinzufügen** ein weiteres Aufzählungssymbol mit Textfeld einfügen. Mittels **Höher/Tiefer stufen** können hierarchische Elemente in der Reihenfolge verändert werden, während **Von rechts nach links** die Reihenfolge und Flussrichtung umkehrt. Die Galerie *Layouts* erlaubt die Vorschau von eingegebenen Daten in verwandten Grafiken mittels Livevorschau.

4 Datenbanken und Webabfragen

4.1 Listen

In Excel wird das Erstellen und Bearbeiten von Datenbanken als Arbeiten mit **Listen** bezeichnet. Eine Liste kann als Datenbank behandelt werden. Insofern können Daten mit einer **Datenmaske** angezeigt, hinzugefügt, gesucht und gelöscht werden. Excel erkennt eine Liste automatisch als Datenbank, wenn typische Datenbankaufgaben, wie z. B. Suchen und Sortieren von Daten, ausgeführt werden. In einer Liste sind die Spalten als Datenbankfelder und die Zeilen als Datensätze enthalten.

Jede Liste kann mit oder ohne Datenmaske bearbeitet werden. Eine Maske entspricht im Wesentlichen einer Dialogbox (vgl. Abb. 61), in der die Datenbankoperationen vom Anwender angegeben werden. Sie lässt sich in Excel 2007 ausschließlich über die Schnellzugriffleiste in die Oberfläche integrieren. Dazu ist das Dreieck neben der *Symbolleiste für den Schnellzugriff* anzuklicken und dort **Weitere Befehle** auszuwählen. Dasselbe Ergebnis kann alternativ in den **Excel-Optionen** unter dem Punkt **Anpassen** erreicht werden. Hier ist im Feld **Befehle auswählen** der Eintrag *Alle Befehle* zu markieren und der Punkt **Maske** auszuwählen. Durch einen Doppelklick oder durch **Hinzufügen** wird der Befehl der Schnellstartleiste hinzugefügt.

Nun kann innerhalb einer beliebigen Tabelle ein Bereich von Zellen markiert und der Befehl **Maske** aus der Schnellstartleiste ausgewählt werden. Soll der Befehl nicht auf der Oberfläche von Excel erscheinen, kann mit der Tastenfolge ⒜⒩⒨ der Befehl bei Bedarf aufgerufen werden.

Innerhalb der Datenmaske können bestimmte Datensätze geändert, gelöscht oder hinzugefügt werden. Wenn an einem bestimmten Datensatz **Änderungen** vorgenommen werden sollen, dann können diese Änderungen in dem entsprechenden Eingabefeld der Daten-maske durchgeführt werden. Alternativ können Datensätze auch in der Liste geändert werden. Das **Löschen** eines Datensatzes oder das **Hinzufügen** eines neuen Datensatzes an das Ende einer Liste ist in der Datenmaske über die entsprechenden Schaltflächen **Löschen** bzw. **Neu** möglich.

Excel bietet die Möglichkeit, beim Hinzufügen eines neuen Datensat-zes die Werte auf vorher festgelegte Gültigkeitskriterien zu überprüfen und gegebenenfalls eine Fehlermeldung per Pop-up-Menü anzuzeigen. Das Festlegen der Kriterien geschieht für jede Spalte einzeln. Hierzu markiert der Anwender die entsprechende Spalte und ruft über die Tastenfolge (Alt)(N)(G) oder durch Auswahl des Symbols 📇 ▾ **Daten-überprüfung** aus der **Datentools**-Befehlsgruppe des *Daten*-Registers die in Abb. 61 dargestellte Dialogbox auf.

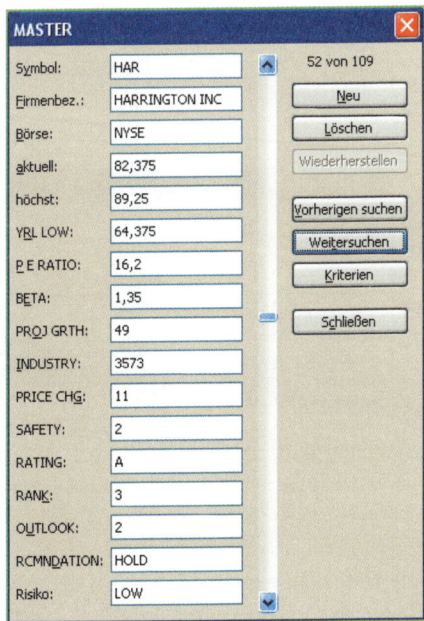

ABB. 61: Datenbank und Datenmaske

In die in Abb. 62 dargestellte Maske können die entsprechenden Gültigkeitskriterien eingetragen werden. Dabei bietet Excel verschiedene Datentypen an, wie z. B. Jeden Wert, Ganze Zahl, Datum, Zeit. Nicht nur Datentypen, sondern auch Geltungsbereiche können eingetragen und überprüft werden. In den beiden weiteren Seiten der Dialogbox können *Eingabe-* und *Fehlermeldungen* definiert werden (vgl. Abb. 63). Diese erleichtern dem Nutzer des Excel-Arbeitsblatts die Eingabe erheblich.

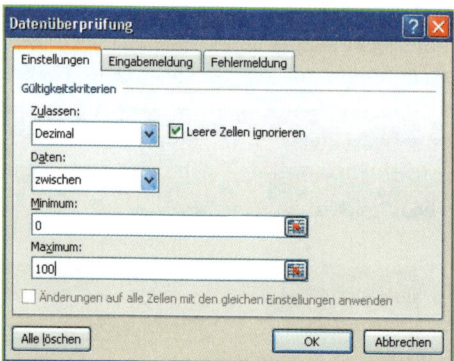

ABB. 62: Einrichtung von Gültigkeitskriterien für Spalten

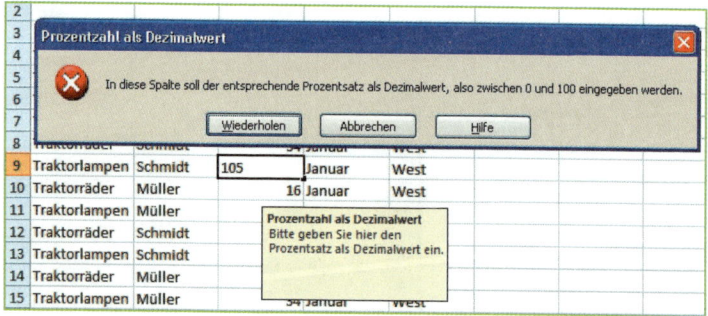

ABB. 63: Eingabemeldung und Fehlermeldung bei benutzerdefiniertem Gültigkeitsbereich einer Liste

Die Datensätze einer Liste kann der Anwender nach verschiedenen Kriterien **sortieren**. Grundsätzlich werden Datensätze von oben nach unten sortiert. Der zu sortierende Bereich ist dazu an beliebiger Stelle zu markieren. Über die Grafiksymbole 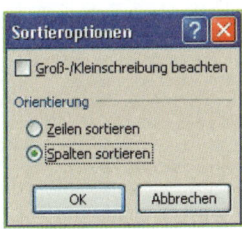 können die Werte innerhalb des markierten Bereichs sortiert werden. Meist ist jedoch eine Ausweitung der Markierung auf sämtliche Spalten der Tabelle sinnvoll. Dann werden nicht nur die Werte innerhalb einer Spalte sortiert, sondern die vollständigen Datenzeilen entsprechend der gewünschten Sortierung innerhalb der Liste neu angeordnet. Hierzu wählt der Anwender den **Sortieren**-Befehl aus dem *Daten*-Register aus oder betätigt die Tastenfolge [Alt][N][S]. Die Dialogbox zur differenzierten Eingabe der Sortierreihenfolge erscheint am Bildschirm. Hier können bis zu 64 Ebenen bestimmt werden, nach denen eine Sortierung in hierarchischer Folge stattfindet.

Bei einer automatischen Sortierung ist jedoch zu beachten, dass Daten, die in einer angrenzenden Spalte vorhanden sind, nach einer Bestätigung durch den Anwender mit in die Sortierung übernommen werden. Die Zuordnung innerhalb einer Zeile bleibt dadurch erhalten. Existiert jedoch zwischen der zu sortierenden Spalte und einer weiteren, die damit verbundene Daten enthält, eine leere Spalte, so werden nur die Daten der ausgewählten Spalte sortiert.

Eine Liste kann auch spaltenweise von links nach rechts sortiert werden. Die Feldbezeichnung bestimmt dabei die Reihenfolge. Dazu ist in der *Sortieren-Dialogbox* der **Optionen**-Schalter zu betätigen. Das in Abb. 64 dargestellte Fenster ermöglicht die Definition der Sortierrichtung (weg von den Zeilen, hin zu den Spalten).

ABB. 64: Zeilen- und spaltenweise Sortierung

Im Folgenden soll die wichtigste Funktion einer Datenverwaltung, das **Suchen**, näher erläutert werden. Innerhalb der Datenmaske (vgl.

Abb. 61) gelangt der Anwender mithilfe der Schaltflächen **Vorherigen suchen** und **Weitersuchen** vom aktuellen Datensatz aus zum jeweils vorherigen oder nächsten. Wenn nach bestimmten Datensätzen gesucht wird, müssen vorher Suchkriterien eingegeben werden. Die gefundenen Datensätze werden innerhalb der Datenmaske sequenziell angezeigt.

In den meisten Fällen wird der Anwender nach übereinstimmenden Zeichenfolgen suchen, die innerhalb des entsprechenden Eingabefelds einzutragen sind. Es ist aber auch möglich, Vergleichsoperatoren, wie z. B. <P, zu nutzen. Dabei werden sämtliche Datensätze gesucht, die alphabetisch gesehen kleiner als P sind. Außerdem sind die Platzhalter ? für ein einzelnes Zeichen und * für beliebig viele Zeichen zu verwenden, z. B. Me?er.

Ebenso ist es möglich, sämtliche gefundenen Datensätze auf einmal anzuzeigen. Das Suchen und Kopieren von Datensätzen wird unter Excel als **Filtern** bezeichnet. Mithilfe des Befehls **Filtern** können in jeder Spalte einzeln Suchkriterien eingegeben werden. Nach Markierung einer beliebigen Zelle innerhalb der Liste ist der Befehl **Filtern** aus dem Auswahlmenü des *Daten*-Registers auszuwählen bzw. die Tastenfolge (Alt)(N)(F)(F) einzugeben. Excel fügt daraufhin neben jede Spaltenbeschriftung einen Pfeil im Sinne eines Listenfelds ein.

ABB. 65: Datenfilter zur Differenzierung der Verkaufsregion

Durch Anklicken eines Pfeils wird ein Menü mit sämtlichen unterschiedlichen Einträgen dieser Spalte versehen mit einem Auswahlkästchen angezeigt (vgl. Abb. 65). Bei Auswahl des Eintrags *Auf-* bzw. *Absteigend sortieren* werden die Zeilen alphanumerisch geordnet. Des Weiteren wird die Kategorie *Leere* angezeigt, wenn leere Zellen in den jeweiligen Spalten existieren. Excel filtert die markierten Datensätze heraus und zeigt sie an. Falls sämtliche Datensätze angezeigt werden sollen, ist die Checkbox *Alle* zu aktivieren. Beim Anklicken von *Benutzerdefiniert*, erreichbar über den Eintrag *Textfilter*, öffnet sich die in Abb. 66 gezeigte Dialogbox, in der mit Operatoren und Platzhaltern verknüpfte Suchkriterien pro Spalte eingegeben werden können.

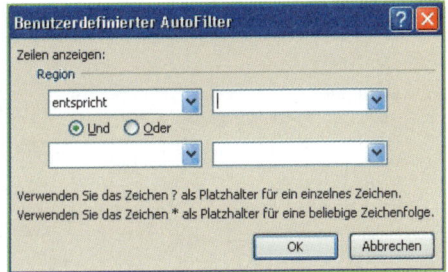

Abb. 66: Benutzerdefinierte Suchkriterien für das automatische Filtern

Mit dem Befehl können komplexe Suchkriterien formuliert werden, die die Möglichkeiten des AutoFilters übersteigen. Bei Anwendung des Spezialfilters ist zunächst ein **Kriterienbereich** zu definieren. Dabei ist ein Bereich innerhalb des Arbeitsblatts festzulegen, der sich jedoch außerhalb der Datenbank, in dem die Suchkriterien eingetragen werden, befindet. Der Kriterienbereich enthält in der ersten Zeile die (identischen) Feldnamen der Liste und in der darunter liegenden Zeile die Suchkriterien. Nach Einrichtung des Kriterienbereichs ist auf *Erweitert* zu klicken oder die Tastenfolge ⌥ Ⓝ Ⓕ Ⓢ einzugeben. Ein Beispiel für die Anwendung des Spezialfilters mit dem Kriterienbereich und dem die zu filternden Daten enthaltenden Listenbereich ist in Abb. 67 dargestellt worden. Es sollen alle Datensätze angezeigt werden, die den Verkäufer Müller **und** einen größeren Umsatz als 10.000 enthalten.

In dem Dialogfenster *Spezialfilter* ist zunächst anzugeben, ob der Listenbereich direkt gefiltert werden soll oder ob die Ausgabe an einem anderen Ort erfolgen soll. Dieser ist in dem Feld *Kopieren nach* anzugeben. Nach Auswahl der zu filternden Daten in dem Feld *Listenbereich* und der Filterkriterien in dem Feld *Kriterienbereich* kann, wie in Abb. 67 dargestellt, die Filterung erfolgen. Die Markierung des Kontrollkästchens *Keine Duplikate* bewirkt, dass mehrfach vorkommende Datensätze nur einmal berücksichtigt werden. Das Ergebnis des Beispiels nach der Filterung ist in Abb. 68 abgebildet.

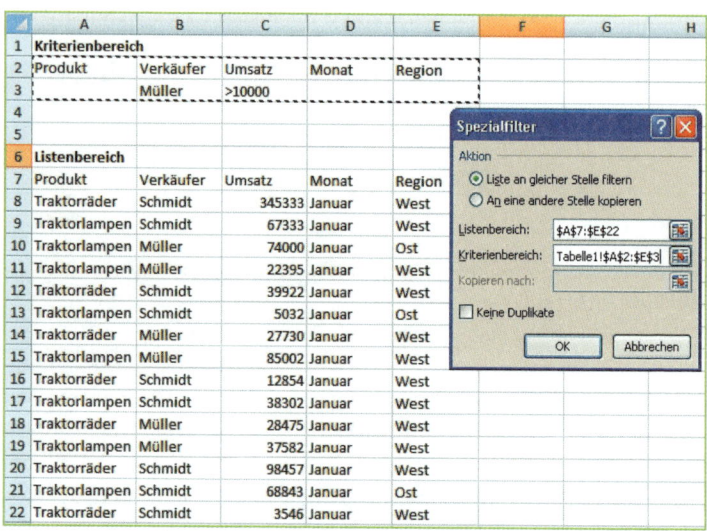

ABB. 67: Beispiel zur Anwendung des Spezialfilters

Alternativ zu einer UND-Verknüpfung verschiedener Filterkriterien kann auch eine ODER-Verknüpfung verwendet werden. Sind für das Beispiel alle Datensätze gesucht, die entweder den Verkäufer Müller oder einen größeren Umsatz als 10.000 enthalten, so sind die Kriterien in unterschiedlichen Zeilen einzufügen. Die weiteren Schritte sind analog zu einer Filterung der Datensätze bei einer UND-Verknüpfung der Kriterien durchzuführen.

⊿	A	B	C	D	E
1	Kriterienbereich				
2	Produkt	Verkäufer	Umsatz	Monat	Region
3		Müller	>10000		
4					
5					
6	Listenbereich				
7	Produkt	Verkäufer	Umsatz	Monat	Region
10	Traktorlampen	Müller	74000	Januar	Ost
11	Traktorlampen	Müller	22395	Januar	West
14	Traktorräder	Müller	27730	Januar	West
15	Traktorlampen	Müller	85002	Januar	West
18	Traktorräder	Müller	28475	Januar	West
19	Traktorlampen	Müller	37582	Januar	West

ABB. 68: Ergebnis nach einer Filterung durch den Spezialfilter

Excel stellt auch einen Befehl zur **Gruppierung** der Daten einer Liste zur Verfügung. Dabei werden z. B. für jeden Datensatz Häufigkeiten und Zwischensummen gebildet. Zunächst ist die gesamte Liste zu markieren. Nach dieser Markierung ist der Befehl **Gliederung** im *Daten*-Register auszuwählen oder die Tastenfolge [Alt] [N] [E] zu betätigen.

Daraufhin öffnet sich eine Dialogbox, in der das Gruppierungskriterium, die Rechenformel (z. B. Summe, Anzahl, Mittelwert) für die Art der Zusammenfassung und deren Bezugsspalte angegeben werden müssen. Excel gruppiert daraufhin die Datensätze und bildet sie hierarchisch geordnet ab (vgl. Abb. 69). Ähnlich der Gliederungsfunktion bei einer Textverarbeitung kann sich der Anwender daraufhin mittels Schaltflächen sämtliche Datensätze, aber auch die verdichteten Teilergebnisse oder die zu einer Gesamtzahl verdichteten Datensätze anzeigen lassen.

	16	Traktorlampen		8	
	17		Traktorräder	Schmidt	
	18		Traktorräder	Schmidt	
	19		Traktorräder	Müller	
	20		Traktorräder	Schmidt	
	21		Traktorräder	Müller	
	22		Traktorräder	Schmidt	
	23		Traktorräder	Schmidt	
	24	Traktorräder Ar		7	
	25	Gesamtanzahl		15	

ABB. 69: Erzeugen von Teilergebnissen durch Gruppierung

Die Gruppierung kann über die **Gruppierung aufheben**-Option im Register *Daten* oder die Tastenfolge ⒶˡᵗⓃⒺⒶˡᵗⒺ bzw. Ⓐˡᵗ⇧← wieder rückgängig gemacht werden.

4.2 Pivottabellen

Zur Analyse umfangreicher Datenmengen eignet sich insbesondere eine Pivotabelle. Der Begriff **Pivot** stammt aus der Mathematik und steht für die lösungsneutrale Umformung einer Gleichung bzw. einer Tabelle. In einer Pivotabelle lassen sich Daten einfach zusammenfassen oder auch mithilfe einer Kreuztabelle interaktiv aus unterschiedlichen Betrachtungsperspektiven analysieren. So besteht die Option, Zeilen und Spalten gegeneinander zu tauschen oder deren vollständige Datenanordnung zu drehen. Ferner wird ermöglicht, von einer Ausgangstabelle mehrere Sichten zu erzeugen, ausgewählte Daten ein- und auszublenden oder zu filtern und Summen bzw. Häufigkeiten unter wechselnden Ansichten anzuzeigen. Die Funktionalitäten von Pivotabellen werden hier mithilfe der in Abb. 70 dargestellten Ausgangsdaten erläutert.

	A	B	C	D	E
1	Produkt	Verkäufer	Umsatz	Monat	Region
2	Traktorlampen	Schmidt	44500	Januar	West
3	Traktorräder	Müller	35660	Januar	Ost
4	Traktorlampen	Schmidt	85399	Januar	Ost
5	Traktorräder	Schmidt	70345	Januar	West
6	Traktorlampen	Schmidt	38200	Januar	West
7	Traktorräder	Müller	35800	Januar	West
8	Traktorlampen	Schmidt	47789	Januar	West
9	Traktorräder	Schmidt	12200	Januar	Ost
10	Traktorlampen	Müller	30040	Januar	West
11	Traktorräder	Schmidt	32100	Januar	Ost
12	Traktorlampen	Müller	59950	Januar	Ost
13	Traktorräder	Müller	2200	Januar	Ost
14	Traktorlampen	Schmidt	25532	Januar	West
15	Traktorräder	Schmidt	9084	Januar	West
16	Traktorlampen	Müller	4402	Januar	West

ABB. 70: Exemplarische Ausgangsdaten für eine Pivotabelle

Mithilfe des *Pivottabellenassistenten* werden aus Zeilen- und Spal-
tenbeschriftungen Schaltflächen erzeugt. Diese lassen sich mit der
Maus verschieben, sodass die Daten neu angeordnet werden, ohne
die Quelldaten dabei zu verändern. Hierbei ist es unerheblich, welche
Datenquelle verwendet wird. Neben Excel-Tabellen oder -Blättern
können auch Excel-Datenbanken, andere Pivottabellen oder externe
Datenquellen die Grundlage für eine Analyse bilden.

Nach Aufruf des Pivottabellenassistenten über die Schaltfläche [image]
im Register *Einfügen* bzw. durch die Tastenfolge [Alt] [N] [P] oder durch
Auswahl des Befehls **PivotTable- und PivotChart-Bericht** aus der
Tabellen-Befehlsgruppe erscheint die erste von insgesamt drei Dia-
logschritten des Assistenten (vgl. Abb. 71).

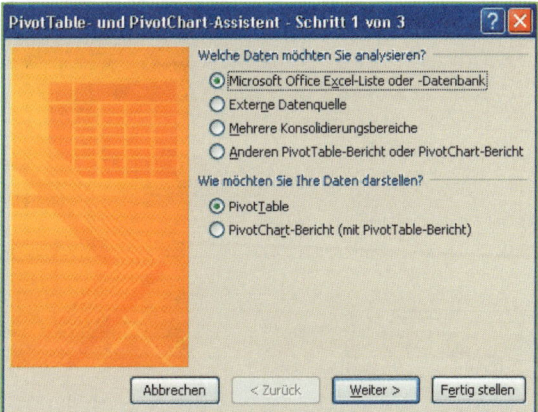

ABB. 71:
Festlegung der
Datenquelle für
die Pivotierung

Zunächst ist eine Datenquelle auszuwählen. Im Folgenden wird von
einer einfachen Excel-Datei als Quelle ausgegangen, sodass die Option **Microsoft Office Excel-Liste oder Datenbank** auszuwählen ist.
Falls eine Pivottabelle aus mehreren Arbeitsblättern erstellt werden
soll, ist jedoch die Option **Mehrere Konsolidierungsbereiche** zu
aktivieren. Die Darstellung der Daten kann tabellarisch in einer Pivottabelle (**PivotTable**) oder aber grafisch in einem **PivotChart-Bericht**
erfolgen.

Nach Aktivieren der Schaltfläche **Weiter** ist im zweiten Schritt der zu verwendende Datenbereich für die Pivotierung festzulegen. Der Dialog in Abb. 72 zeigt die Auswahl der Ausgangsdaten.

Zuletzt muss der Anwender angeben, wo die Pivottabelle dargestellt werden soll. Dabei besteht die Möglichkeit, die Pivottabelle in einem neuen Arbeitsblatt abzubilden oder aber in einem bestehenden Arbeitsblatt zu hinterlegen (vgl. Abb. 73).

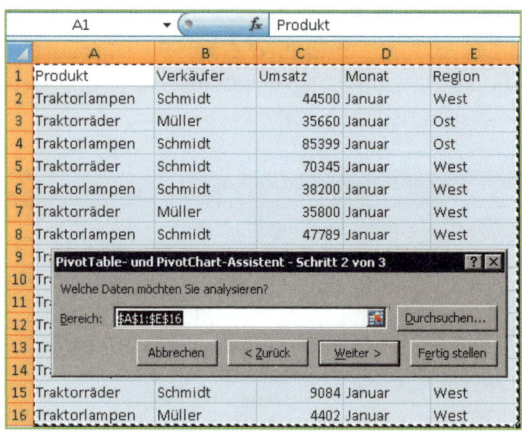

ABB. 72: Festlegung des Datenbereichs für die Pivotierung

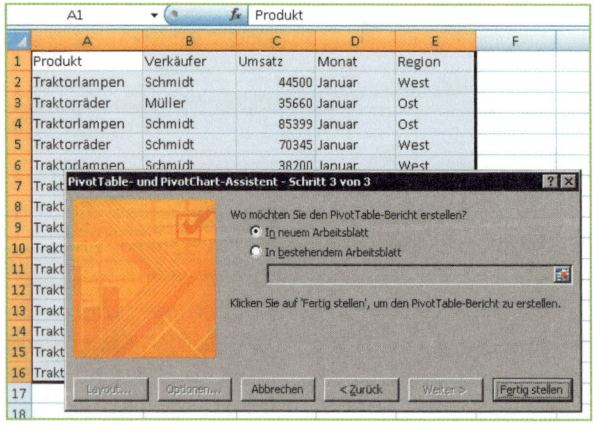

ABB. 73: Festlegung des Speicherorts für die Pivottabelle

Anschließend kann die eigentliche Neuordnung der Daten beginnen. Mit einem Klick auf die Schaltfläche **Fertig stellen** im dritten Schritt öffnet sich auf der rechten Seite der Benutzeroberfläche das in Abb. 74 dargestellte Fenster zur Bestimmung der grafischen Darstellung. Dieses wird auch als Feldliste bezeichnet. Die hier definierte Anordnung kann durch den Anwender zu jedem späteren Zeitpunkt verändert werden.

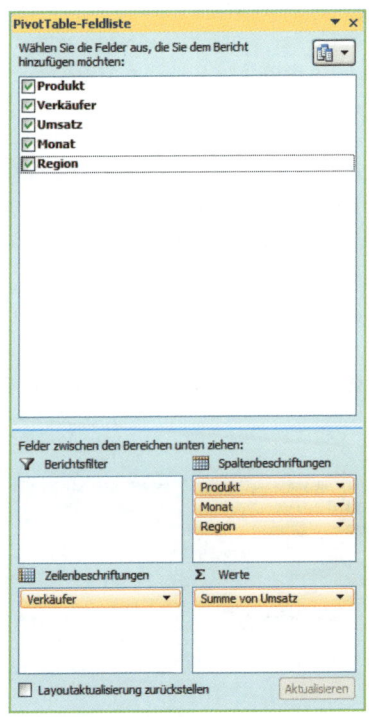

ABB. 74: Festlegung von Layout und Art der Datenzusammenfassung

Nun ist festzulegen, welche Datenspalten als Zeilen-, Spalten- und Berichtsfelder verwendet werden und welche im Datenbereich zusammenzufassen sind. Mithilfe der Maus kann der Anwender die verschiedenen Überschriften der Datenspalten der Ausgangstabelle in der neuen Tabelle anordnen: Die oben aufgeführten Schaltflächen sind zu aktivieren oder mit der Maus in das gewünschte Pivotfeld zu ziehen. Sofort erscheint die auf der Auswahl der Felder basierende Anordnung der Tabelle auf dem Arbeitsblatt.

Die im Wertebereich aufgelisteten Datenspalten werden zusammengefasst. Dabei wird automatisch für numerische Daten die Summen-Funktion und für andere Daten die Funktion „Anzahl" verwendet. Beispielsweise ist in Abb. 74 zu sehen, dass für die in das Datenfeld gezogene Ursprungsspalte „Umsatz" die Summenfunktion verwendet wird. Soll eine andere Art der Datenzusammenfassung Verwendung finden (z. B. durch Mittelwertbildung), kann mithilfe des Befehls **Feldeinstellungen** aus der kontextbezogenen Registerkarte *Optionen* oder eines Rechtsklicks auf ein beliebiges Zahlenfeld innerhalb der Pivottabelle das Auswahlmenü **Wertfeldeinstellungen** bzw. **Daten zusammenfassen nach** aufgerufen werden und damit die Zusammenfassung der Werte gesteuert werden.

Als Ergebnis der Arbeitsschritte wird die Pivottabelle berechnet und dargestellt. Bildet die in Abb. 70 dargestellte Tabelle die Ausgangsbasis und wurden die Einstellungen aus Abb. 74 übernommen, so entsteht die in Abb. 75 dargestellte Pivottabelle.

	A	B	C	D	E
1	Summe von Umsatz	Spaltenbeschriftungen ▾			
2		⊟Traktorlampen			Traktorlampen Ergebnis
3		⊟Januar		Januar Ergebnis	
4	Zeilenbeschriftungen ▾	Ost	West		
5	Müller	59950	34442	94392	94392
6	Schmidt	85399	156021	241420	241420
7	Gesamtergebnis	145349	190463	335812	335812

ABB. 75: Pivottabelle

Hier können weitere Änderungen an der Datenanordnung vorgenommen werden. Im dargestellten Beispiel sollen die Produkte nicht in einer Spalte, sondern im Format „Zeile" angeordnet werden. Durch Ziehen des Symbols für die Spalte „Produkt" hinter das für die Spalte „Verkäufer" und Auswahl von „Monat" als **Berichtsfilter** in der Feldliste (vgl. Abb. 74) ändert sich die Tabelle wie in Abb. 76 angezeigt.

◢	A	B	C	D
1	Monat	(Alle) ▾		
2				
3	**Summe von Umsatz**	**Spalten** ▾		
4	**Zeilenbeschriftungen** ▾	**Ost**	**West**	**Gesamtergebnis**
5	⊟Müller	97810	70242	168052
6	Traktorlampen	59950	34442	94392
7	Traktorräder	37860	35800	73660
8	⊟Schmidt	129699	235450	365149
9	Traktorlampen	85399	156021	241420
10	Traktorräder	44300	79429	123729
11	**Gesamtergebnis**	**227509**	**305692**	**533201**

ABB. 76: Nachträgliche
Anordnung von Pivot-
tabellenfeldern

Wurde ein Zeilenkriterium eingestellt, wie in Abb. 76 die Kriterien „Verkäufer" und „Produkt", so erscheint das erste in der Reihenfolge der Darstellung in der Tabelle als fett unterlegtes Listenfeld mit einer automatischen Gruppierungsfunktion. Durch Anklicken des Pfeils und Auswahl eines anderen Parameters werden die Daten neu berechnet. Mithilfe des Symbols ⊟ können die Detailinformationen zu einem Zeileneintrag (z. B. „Müller") ausgeblendet werden.

Weitere Veränderungen können mithilfe des Kontextregisters *Optionen* vorgenommen werden, das dann eingeblendet wird, wenn eine Zelle innerhalb der Pivottabelle aktiviert ist. In dieser Registerkarte steht die Schaltfläche **Optionen** zur Verfügung. Wird diese aktiviert, erscheint eine Dialogbox, mit der z. B. das Verhalten der Pivottabelle bei leeren Zellen oder Fehlerwerten in den Quelldaten geregelt oder Einstellungen zur Anzeige oder zum Tabellendruck vorgenommen werden können. Einstellungen zum grafischen Layout wie Farbe und Zeilendarstellung lassen sich über die Registerkarte *Entwurf* aus dem Kontextregister vornehmen.

Bei einer Änderung der Quelldaten muss zur **Aktualisierung** der Pivottabelle eine beliebige Zelle der Tabelle markiert und die Schaltfläche **Aktualisieren** aus den *Optionen* des Kontextregisters oder die Tastenfolge ⌐Alt⌐ ⌐F5⌐ betätigt werden.

4.3 Integration externer Daten

Um in Excel externe Daten einfach einbinden zu können, wurde der Query-Assistent integriert. Mithilfe von Query lassen sich Daten aus fremden Datenbankdateien abfragen und in ein Excel-Tabellenblatt einbinden. In der Standardeinstellung wird u. a. der Zugriff auf Access, dBASE, Oracle und SQL-Server sowie OLAP-Cubes unterstützt. Weitere Datenbanktreiber sind aufgrund des Open Database Connectivity (ODBC)-Standards, der eine Standardisierung der Schnittstelle für den Datenaustausch zwischen Programmen beinhaltet, einfach nachzurüsten.

Um eine Abfrage zu erstellen, ist die Tastenfolge Alt N D N zum Aufruf des *Query-Assistenten* zu betätigen. Alternativ hierzu kann im Register *Daten* die Option **Von Microsoft Query** aus dem Dropdown-Katalog *Aus anderen Quellen* in der Funktionsgruppe *Externe Daten abrufen* gewählt werden.

In dem sich öffnenden Fenster *Datenquelle auswählen* (vgl. Abb. 77 oben) ist darauf zu achten, dass das Kontrollkästchen *Query-Assistenten für Erstellung/Bearbeitung von Abfragen verwenden* aktiviert ist. Mithilfe des Assistenten wird es erheblich leichter, gezielte Abfragen zu gestalten. Anschließend ist die gewünschte Datenquelle zu markieren und mit der Schaltfläche **OK** auszuwählen. Wurde noch keine Datenquelle definiert, kann mit einem Doppelklick auf **Neue Datenquelle** das Fenster zur Angabe einer solchen geöffnet werden.

Im ersten Feld ist vom Anwender ein Name einzutragen, der als Bezeichner der Identifizierung einer Datenquelle dient. Anschließend aktiviert sich auch das zweite Feld, in dem ein Treiber für den Typ der Datenbank auszuwählen ist. Die Auswahlliste hierfür kann über den Pfeil aktiviert werden. Obwohl Datenbanktreiber für Access, dBase, FoxPro, Oracle, Paradox, SQL-Server und einige weitere zur Verfügung gestellt werden, wird u. U. die gewünschte Datenbank nicht angezeigt. Entweder muss dann der ODBC-Treiber für die Datenquelle installiert oder alternativ die Datenbank in einem der genannten Standardformate abgespeichert werden.

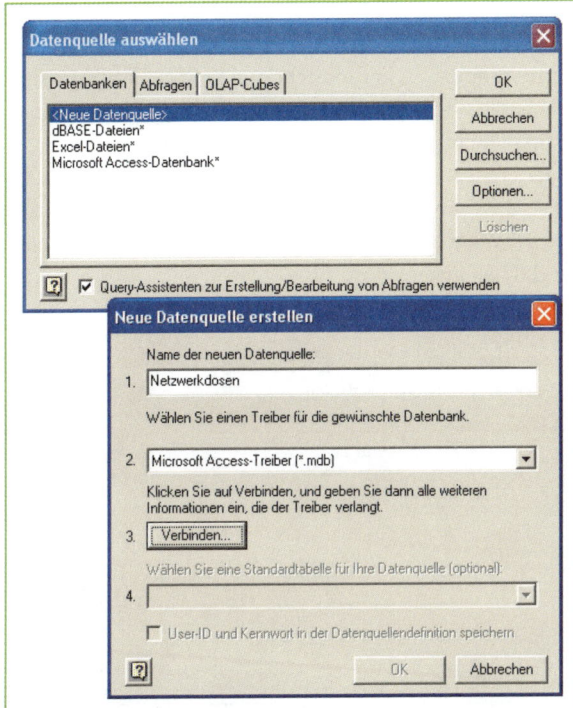

ABB. 77: Erstellen einer neuen Datenquelle für Datenbankabfragen

Über den Schalter *Verbinden* kann anschließend die konkrete Daten-
bankdatei ausgewählt werden, die als Basis für den Datenimport dient.
Je nachdem, welche Datenbank als Datenquelle gewählt wurde, müs-
sen in dem Dialogfeld zusätzlich Angaben gemacht werden, bevor die
Verbindung zur Datenquelle hergestellt wird. Dies sind etwa Benut-
zername, Kennwort, Versionsnummer und Ablageort der verwendeten
Datenbank. Wurden alle benötigten Daten eingegeben, kann über den
OK-Button der Dialog beendet werden.

Mit der Option in der vierten Zeile des Dialogs kann eine bestimmte
Tabelle der Datenbank ausgewählt werden, die automatisch im Query-
Assistenten angezeigt wird. Diese Einstellung ist optional.

Der Query-Assistent durchläuft vier Abfrageschritte, bevor der Datenimport erfolgt. Im ersten Schritt kann ausgewählt werden, welche Spalten beim Datenimport zu berücksichtigen sind. Allerdings sind nicht immer alle Spaltenbezeichnungen selbsterklärend, sodass nach Auswahl einer Spaltenbezeichnung über den Schalter *Vorschau anzeigen* der Inhalt der entsprechenden Spalte abgefragt werden kann. In dem Beispiel in Abb. 78 werden aus der Tabelle *Netzwerkkarten*, die zur Verwaltung eines lokalen Netzwerks angelegt worden ist, die Spalten *Rechnername* und *Raum* ausgewählt.

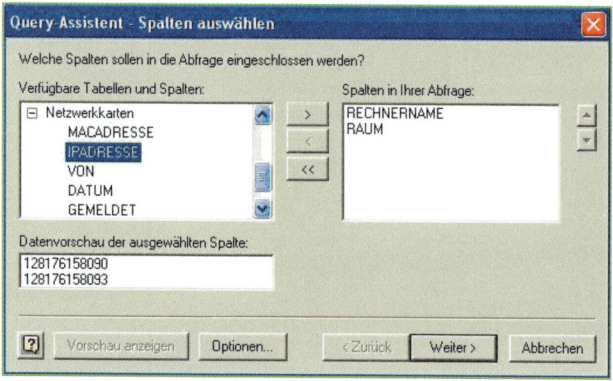

ABB. 78: Auswahl von Spalten mit dem Query-Assistenten

Im folgenden Dialog des Assistenten können Vergleichsoperatoren formuliert werden, um die zu importierenden Inhalte zu filtern. Für das skizzierte Beispiel werden Abb. 79 solche Datensätze ausgewählt, deren Raumnummer größer als 300 ist.

Wird mit dem Query-Assistenten durch Klick auf *Weiter* fortgefahren, kann eine Sortierreihenfolge für die Datensatzanzeige festgelegt werden. In Abb. 80 wird festgelegt, dass die Datensätze nach dem Feld *Rechnername* in aufsteigender Reihenfolge sortiert werden sollen.

Abschließend besteht die Wahl, ob der Datenimport unmittelbar nach Excel oder aber noch eine weitere Bearbeitung in Query erfolgen soll (vgl. Abb. 81).

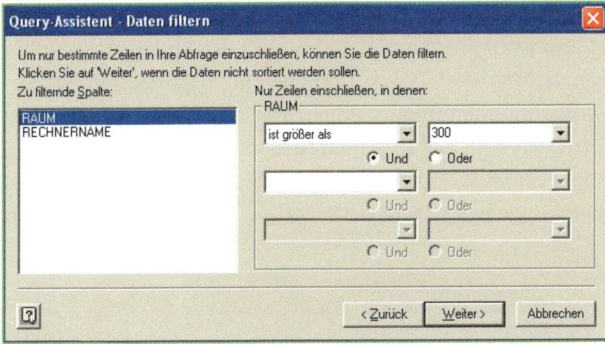

ABB. 79: Filterung von Datensätzen mit dem Query-Assistenten

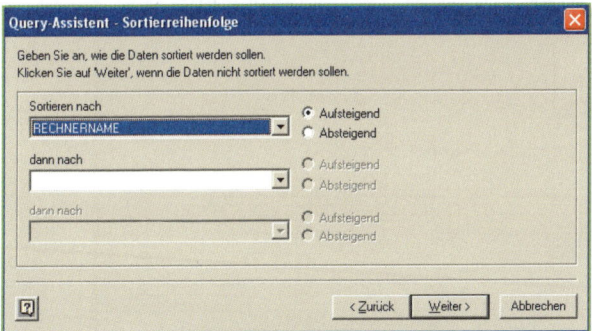

ABB. 80: Einstellen der Sortierreihenfolge mit dem Query-Assistenten

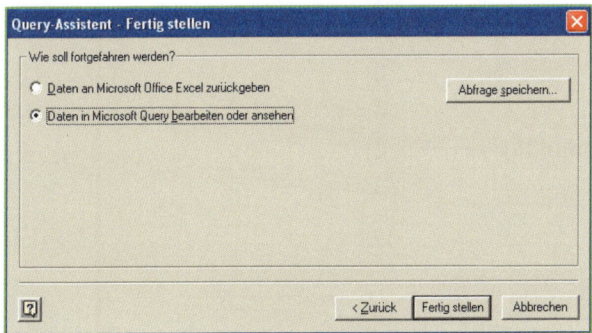

ABB. 81: Abschließen des Query-Assistenten

Um die Abfrage anzupassen, ist die Option **Daten in Microsoft Query bearbeiten oder ansehen** im letzten Schritt des Query-Assistenten zu aktivieren. In Microsoft Query können dann die gewünschten Änderungen vorgenommen und zu einem späteren Zeitpunkt an Excel übergeben werden (vgl. Abb. 82). Hierzu ist der Befehl **Daten an Microsoft Excel zurückgeben** aus der **Datei**-Befehlsgruppe zu wählen oder die Tastenfolge [Alt] [D] [D] zu betätigen.

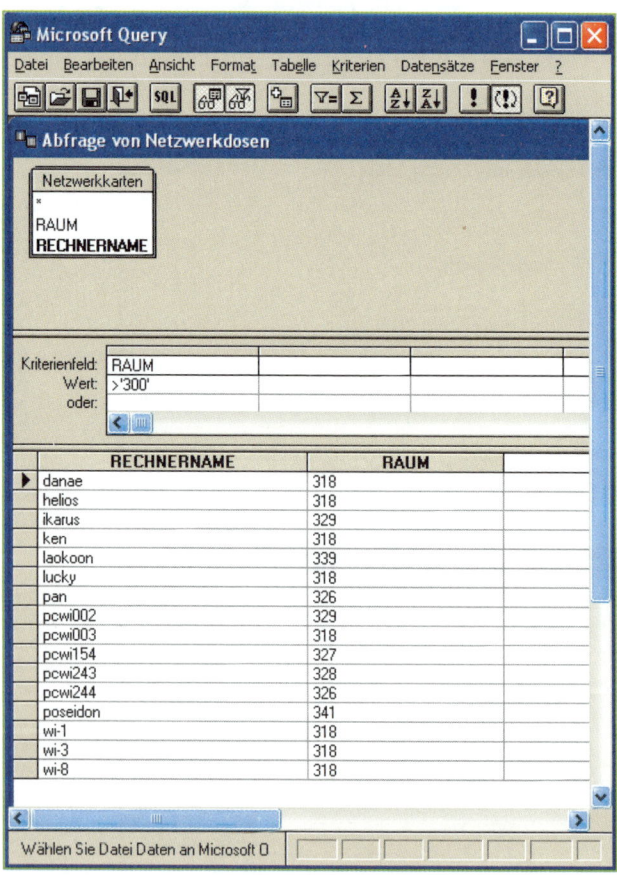

ABB. 82: Microsoft Query für Datenbankabfragen

Das in Abb. 82 dargestellte Abfragefenster von Microsoft Query ist so aufgebaut wie die Abfragesicht des Datenbankverwaltungssystems Microsoft Access in seiner älteren Version. Es gliedert sich in drei Bereiche: einen oberen für die Kurzdarstellung der Tabellen mit ihren Feldnamen, einen mittleren mit den festgelegten Kriterien und einen unteren Bereich für die Zusammenstellung einer beliebigen Abfragetabelle mit den entsprechenden Datensätzen.

Werden Daten aus Query an Excel zurückgegeben, muss lediglich definiert werden, in welchem Bereich auf dem ausgewählten Blatt die neue Tabelle ausgegeben werden soll. Die Daten können auch auf einem neuen Blatt oder etwa als Pivottabelle (vgl. Abschnitt 4.2) dargestellt werden.

Sollen die Daten nach ihrem Import **bearbeitet** werden, so ist im Register *Daten* der Befehl **Verbindungen** auszuwählen. Im Register *Definition* kann unten auf dem Registerfeld der Befehl **Abfrage bearbeiten** ausgewählt werden. Der Query-Assistent wird gestartet und durchläuft wieder alle vier Schritte. Eine Ausnahme liegt vor, wenn der Anwender nicht die Daten unmittelbar in Excel übernommen, sondern zunächst in Query bearbeitet hatte. In diesem Fall öffnet sich die Ansicht von Query, wie sie in Abb. 82 dargestellt ist. Hier können alle notwendigen Veränderungen vorgenommen werden.

Die gewünschten Datenfelder sind per Doppelklick nach unten zu kopieren. Neue Datenfelder (z. B. auch Formeln, wie z. B. Spalte1*Spalte2) sind direkt in den unteren Bereich einzugeben.

Weitere Tabellen können über den Befehl **Tabellen hinzufügen** aus der **Tabelle**-Befehlsgruppe oder durch die Tastenfolge ⒜⒠⒯ hinzugefügt werden. Auch lassen sich die Kriterien für eine Abfrage über das Menü bestimmen. Über den Befehl **Kriterien hinzufügen** aus dem Menü **Kriterien** oder die Tastenfolge ⒜⒦⒦ kann eine Dialogbox zur Eingabe von Differenzierungsoperatoren geöffnet werden.

Als letzter Schritt einer Abfragebearbeitung sind die Daten an Excel zu übergeben (vgl. Abb. 83). Hierzu ist unter Query der Befehl **Daten an Microsoft Excel zurückgeben** aus der **Datei**-Befehlsgruppe zu wählen.

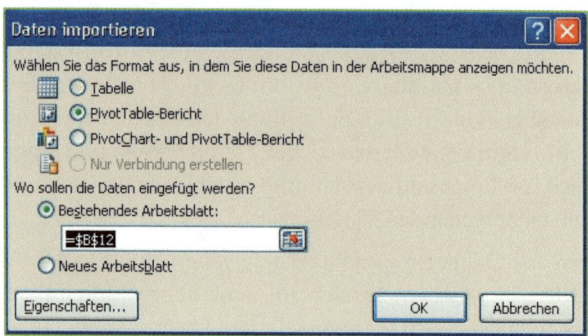

ABB. 83: Darstellung importierter Datenbankbestände als Pivottabelle

Sollen Daten aus mehreren Tabellen der Datenbank verknüpft und importiert werden, ist die Gestaltung entsprechender Sichten (Views) im Datenbanksystem zu empfehlen. Diese Sichten sind an Stelle der originären Tabellen in Excel zu importieren.

4.4 Webabfragen

Excel bietet auch die Möglichkeit, Inhalte von Webseiten dynamisch in das Arbeitsblatt einzubetten. Dadurch können beispielsweise die Wertentwicklung von Wertpapieren in einem Depot verfolgt oder Daten aus Geschäftsberichten automatisch synchronisiert werden. Für die Erstellung einer dynamischen Webabfrage ist aus der **Daten**-Befehlsgruppe der Eintrag **Externe Daten abrufen...Aus dem Web** zu wählen. Im daraufhin erscheinenden Dialogfenster (vgl. Abb. 84) kann zunächst in dem Eingabefeld *Adresse* die URL einer geeigneten Webseite angegeben werden.

Zur Abfrage von Wertpapierkursen kann beispielsweise die URL http://moneycentral.msn.com/investor/external/excel/quotes.asp? SYMBOL=Wertpapierkennung des Informationsdienstes MSN Money eingegeben werden. Die Kennung des Wertpapiers setzt sich aus einer Länderkennung (für Deutschland DE), einem Doppelpunkt und der

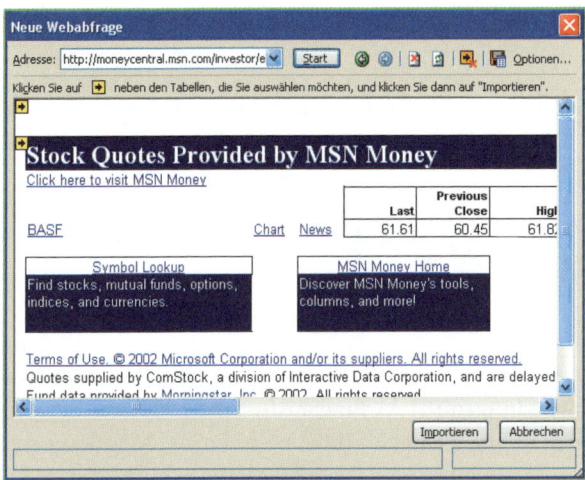

ABB. 84: Dialogfenster *Neue Webabfrage*

Wertpapierkennnummer (WKN) zusammen. Für die Aktien des Unternehmens BASF beispielsweise lautet die Kennung DE:515100. Die im Vorschaubereich sichtbaren gelb hinterlegten Pfeile kennzeichnen importierbare Tabellen, die einzeln ausgewählt werden können. Nach Betätigung der ⏎-Taste oder Anklicken der Schaltfläche **Importieren** erscheint eine Abfrage, in der der Ort der zu importierenden Daten angegeben werden kann. Außerdem bietet dieses Dialogfenster die Möglichkeit, weitere Einstellungen wie die Aktualisierungshäufigkeit vorzunehmen. Durch einen Verweis auf die entsprechenden Zellen können die erhaltenen Daten für weitere Auswertungen genutzt werden.

5 Anwendungs-programmierung

5.1 Visual Basic für Anwendungen (VBA)

Excel ist mit einer eigenen Programmiersprache ausgestattet: Visual Basic für Anwendungen (VBA). Eine ausführliche Erläuterung von VBA würde den Rahmen einer Einführung sprengen. Allerdings soll hier die automatische Erzeugung von VBA-Modulen mithilfe des Makrorekorders von Excel beschrieben werden. Der Rekorder zeichnet eine bestimmte Befehlsfolge auf und codiert sie in Form einer VBA-Prozedur. Dadurch ist es möglich, repetitive Vorgänge festzuhalten und z. B. durch eine Tastenkombination oder einen Klick auf eine Befehlsschaltfläche immer wieder aufzurufen.

Um VBA in Excel 2007 nutzen zu können, muss die Registerkarte *Entwicklertools* aktiviert werden. Dies erfolgt im Menü **Häufig verwendete Excel-Optionen** (⌥ D I) über die Option *Entwicklerregisterkarte in der Multifunktionsleiste anzeigen*. Im Kontextmenü der Benutzeroberfläche erscheint dann die Registerkarte *Entwicklertools*.

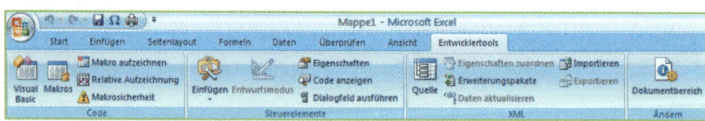

ABB. 85: Registerkarte *Entwicklertools*

5.2 Aufzeichnen von eigenen Makros

Die Erzeugung eines neuen Makros beginnt mit seiner Aufzeichnung. Über den Befehl **Makro aufzeichnen** oder aber über die Tastenfolge ⌥ X K Z wird die Dialogbox zur grundlegenden Definition des Makros aufgerufen.

Wie in Abb. 86 gezeigt wird, sollten die Angaben zum Namen des Makros, eine Tastenkombination und der Speicherort angegeben werden. Die Tastenkombination ist dafür gedacht, dass das Makro schneller und einfacher aufgerufen werden kann. Als Speicherort sollte **Diese Arbeitsmappe** angegeben werden, damit das Makro ggf. leicht bearbeitet werden kann und Auswirkungen auf Makros anderer Mappen verhindert werden.

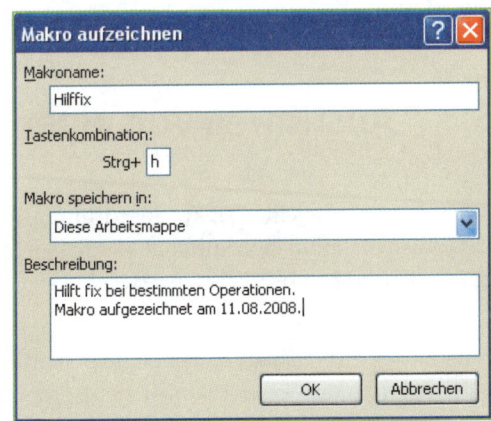

ABB. 86: Dialogbox zur Aufzeichnung eines neuen Makros

Die Auswahlmöglichkeit, das Makro in der **Persönlichen Makro-Arbeitsmappe** zu speichern, bietet die Möglichkeit, das Makro von allen Arbeitsmappen aus aufrufen zu können. Jedoch erschwert es eine spätere Bearbeitung des Makros, da dann jeweils über den VBA-Editor auf das Makro zugegriffen oder die persönliche Arbeitsmappe eingeblendet werden muss.

Nach dem Verlassen der Dialogbox hält der Makrorekorder sämtliche eingegebenen Befehle fest und speichert sie in einem VBA-Modul ab. Erst wenn der Anwender die Makro-Symbolschaltfläche ▣ oder aber die Tastenfolge ⒜⒧⒯ⓍⓀⒶ betätigt, endet die Aufzeichnung des Makros.

Vor der Aufzeichnung von Makros sind allerdings konzeptionelle Überlegungen anzustellen, welche Arbeitsabläufe zu automatisieren sind. Es empfiehlt sich zu diesem Zweck, die Befehlsfolge unter Excel auszuführen und – im Fall komplexer Makros – die einzelnen Aktionen schriftlich zu fixieren. Auf diese Weise entsteht die Grundlage zur fehlerfreien Aufnahme der Befehlssequenz durch den Makrorekorder.

Um Makros in den Arbeitsmappen speichern zu können, muss bei Speicherung unter Dateityp *Excel-Arbeitsmappe mit Makros (*.xlsm)* ausgewählt werden, ansonsten wird eine Warnung von Excel produziert.

5.3 Ausführen von eigenen Makros

Um ein selbst erstelltes Makro auszuführen, gibt es die Möglichkeit einer Tastenkombination, die dem Makro ggf. zugewiesen wurde (im obigen Beispiel: ⒮⒯⒢Ⓗ), oder durch Anklicken einer selbst erzeugten Schaltfläche im Arbeitsblatt.

Eine in das Arbeitsblatt eingebettete Schaltfläche lässt sich erzeugen, indem in der *Steuerelemente*-Befehlsgruppe der Button *Einfügen* ausgewählt wird. Nach Anwahl der Schaltfläche **Entwurfsmodus** stehen verschiedene Möglichkeiten der Erzeugung und Gestaltung von Eingabe- oder Listenfeldern, Befehls- oder Optionsschaltflächen oder Kontrollkästchen zur Verfügung. Darüber hinaus können die erzeugten Felder verändert und verschoben werden. Zum Testen der erzeugten Felder ist die Schaltfläche **Entwurfsmodus** erneut anzuwählen. Das durch Auswahl oder Anklicken der Schaltfläche auszuführende Makro kann erstellt oder verändert werden, indem nach

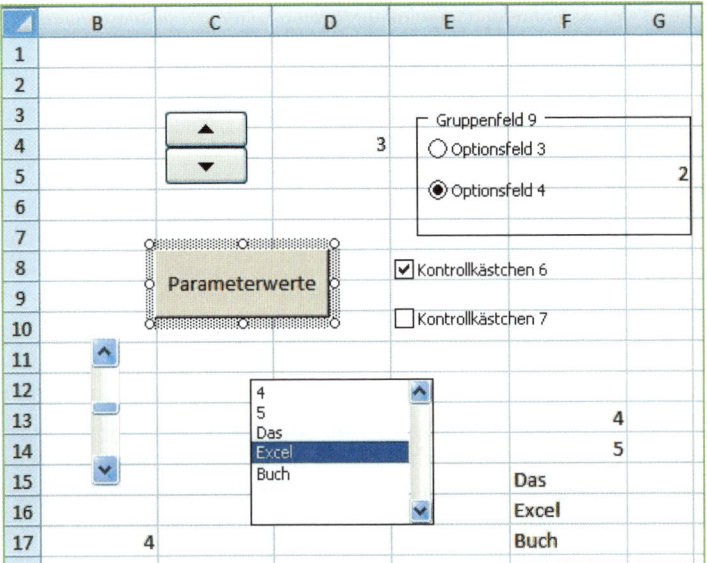

ABB. 87: Beispiele selbst erzeugter Schaltflächen

einem Klick auf das Objekt mit der rechten Maustaste der Menüpunkt *Code anzeigen* ausgewählt wird. Beispiele solcher Schaltflächen sind in Abb. 87 abgebildet worden.

5.4 Bearbeiten von Makros

5.4.1 Öffnen eines Makro-Skripts

Während die Aufzeichnung eines Makros relativ einfach funktioniert, fällt die Überarbeitung schwieriger aus, da diese direkt in dem durch den Makrorekorder erzeugten VBA-Code erfolgen muss. Der schnellste Weg zum Skript führt über die Tastenkombination [Alt] [F11] oder aber auch über die Option **Visual Basic** sowie über die Tastenfolge [Alt] [X] [K] [V].

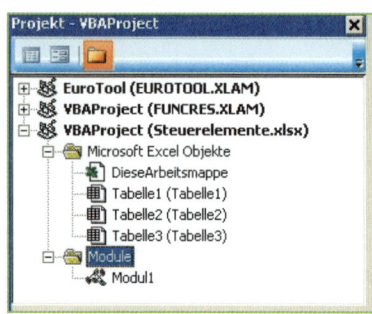

ABB. 88: Übersicht über die vorliegenden VBA-Projekte

Der Visual-Basic-Editor wird als gesondertes Programm gestartet. Der Anwender kann in der sich zeigenden Baumstruktur unter dem Punkt **VBAProjekt** im Bereich **Module** sein aufgezeichnetes Skript mit der Bezeichnung **Modul1** auswählen (vgl. Abb. 88). In diesem Modul befinden sich die aufgezeichneten Befehlsfolgen, die zu einem Unterprogramm zusammengefasst werden. Die Bezeichnung dieses Unterprogramms entspricht demjenigen, das bei dem Start der Makroaufzeichnung eingegeben wurde (z. B. „Hilffix" in Abb. 86).

5.4.2   Grundkonzeption von VBA

Excel-VBA arbeitet objekt- und ereignisorientiert. In Excel-VBA ist z. B. eine einzelne Zelle ein Objekt. Jedem Objekt sind verschiedene Eigenschaften und Methoden zugeordnet. Eigenschaften legen die Parameter von Objekten fest; Methoden sind Prozeduren, die auf das Objekt angewendet werden.

In Excel ermittelt das Programm permanent Ereignisse. Die Auswahl eines Blatts stellt ebenso ein Ereignis dar wie das Betätigen einer Schaltfläche oder das Ändern des aktuellen Zellinhalts. Jede Aktion eines Anwenders kann von Excel als Ereignis interpretiert werden. Wurde eine Reaktion auf eine entsprechende Anwenderaktion programmiert, so wird von Methoden gesprochen. Eine Methode reagiert demnach auf ein Ereignis.

5.4.3   Programme

Die wichtigsten Schlüsselwörter von Programmen sind Sub und End Sub. Mit dem ersten Befehl wird ein Unterprogramm eingeleitet, mit dem zweiten wird es wieder beendet. Hinter dem Schlüsselwort Sub muss der Prozedurname eingegeben werden und danach die Zeichenfolge (). Hierbei können in den Klammern Übergabeparameter definiert werden. Der Name muss mit einem Buchstaben beginnen und darf keine Leerzeichen enthalten. Der Unterstrich ⇧ ⎵ ist erlaubt. Groß- und Kleinschreibung ist nicht relevant.

Wird bei der Eingabe eine Zeile verlassen, sei es durch ⏎ oder durch bzw. ↑, so wird die Zeile automatisch auf syntaktische Korrektheit überprüft. Tritt dabei ein Fehler auf, so erscheint eine Fehlermeldung am Bildschirm, die den Fehler kurz beschreibt. Wenn weitere Erläuterungen zu diesem Fehler notwendig sind, so kann über die Schaltfläche **Hilfe** der Erläuterungstext der Hilfe-Datei eingesehen werden. Ist die Zeile syntaktisch korrekt, so werden alle Schlüsselwörter mit blauer Schrift, alle Kommentare mit grüner Schrift und der Rest mit schwarzer Schrift dargestellt.

5.4.4   Objekte, Methoden, Eigenschaften

Ein Objekt ist ein Element von Excel, in dem alle Daten und Parameter zusammengefasst werden. So gibt z. B. die Eigenschaft Value einer Zelle ihren numerischen Wert wieder oder die Eigenschaft Row die Zeile, in der sich die Zelle befindet. Diese Eigenschaften können in Excel-VBA gelesen und geändert werden.

Vielen Objekten sind Anweisungen (Methoden) zugeordnet. Um beispielsweise ein Blatt aus der Liste aller Blätter auszuwählen und zu aktivieren, muss die Select-Methode des Blatts ausgeführt werden. Um eine spezielle Zelle auszuwählen, muss die Select-Methode auf das Zellenobjekt angewendet werden.

Sämtliche Objekte sind hierarchisch geordnet. So ist beispielsweise das Objekt `Range` ein Unterobjekt von `Worksheet`, das wiederum ein Unterobjekt des Objekts `Workbook` darstellt.

Um z. B. den Inhalt der Zelle `B3` des Blatts `Investitionen` zu erhalten, ist folgender Befehl notwendig:

```
Worksheets("Investitionen").Range("B3").Text
```

Mit diesem Befehl wird zunächst das Blatt `Investitionen` aus dem Objekt `Worksheets` ausgewählt, das sämtliche Worksheet-Objekte der Arbeitsmappe enthält. Dann wird das Unterobjekt `Range` mit der Bereichsspezifikation (`B3`) angewählt und zum Schluss über die Eigenschaft `Text` des Range-Objekts dieses ausgewählt. Eine Ausgabe könnte z. B. über den folgenden Befehl erfolgen:

```
MsgBox
Worksheets("Investitionen").Range("B3").Text
```

Falls nichts anderes vereinbart, bezieht Excel die Anweisung auf das **aktuelle** Objekt. Wäre in obigem Beispiel das Blatt `Investitionen` bereits aktiv, so hätte folgende Anweisung das gleiche Ergebnis:

```
MsgBox Range("B3").Text
```

5.4.5 Variablen

Unter einer Variablen wird im Allgemeinen ein Speicherplatz für eine Zahl, einen Text oder andere Daten verstanden. In Excel-VBA müssen Variablen nicht deklariert werden, d.h., sie können ohne vorherige Bekanntmachung im Programm verwendet werden. Hierbei kann es jedoch leicht zu Fehlern kommen, da z. B. „Zahl" und „Zalh" für Excel verschiedene Variablen sind und daher zwei verschiedene Speicherplätze reserviert werden. Um eine Bekanntmachung zu erzwingen, muss in dem Modul der Befehl `Option Explicit` angegeben werden. Wird innerhalb dieses Moduls eine Variable verwendet, die *nicht* deklariert wurde, so meldet Excel einen Fehler.

Deklaration bezeichnet den Vorgang, bei dem eine Variable einem bestimmten Datentypen zugeordnet wird. Zur Deklaration kann die

`Dim`-Anweisung innerhalb einer Prozedur herangezogen werden. Diese Variable kann dann innerhalb der Prozedur verwendet werden. Um dieselbe Variable auch in anderen Prozeduren nutzen zu können, muss die Variable auf Modulebene deklariert werden, d. h. außerhalb einer Prozedur. Wird die Deklaration mit der `Dim`- oder mit der `Private`-Anweisung durchgeführt, so kann die Variable nur in Prozeduren innerhalb dieses Moduls verwendet werden. Soll auf die Variable auch in anderen Modulen zugegriffen werden, so ist die `Public`-Anweisung einzusetzen.

Um beispielsweise der Variablen „Zahl" den Datentypen `Integer` und den Variablen „Auszahlung" und „Einzahlung" den Datentypen `Currency` zuzuordnen, kann folgende Syntax verwendet werden:

```
Dim Zahl As Integer
Dim Auszahlung, Einzahlung As Currency
```

Analog würde die Zuordnung mit der `Private`- bzw. der `Public`-Anweisung erfolgen.

Oft kann es sinnvoll sein, eine Reihe von Daten unter einem Namen zu speichern. Um beispielsweise eine Liste der Namen einer großen Anzahl von Personen zu verarbeiten, wäre es zu aufwendig, für jeden Namen eine eigene Variable anzulegen. Excel bietet daher die Möglichkeit, Variablen vom gleichen Datentypen in einem Array zusammenzufassen. Ein Array ist ein Feld (bzw. Vektor) von Variablen mit einem einzigen Namen. Um ein Feld für beispielsweise 70 Namen anzulegen, ist folgender Befehl notwendig:

```
Dim Person(70) As String
```

Nach diesem Vorgang stehen 70 Variablen unter dem Namen `Person` zur Verfügung. Um einen Wert für den 17. Eintrag festzulegen, ist folgender Befehl notwendig:

```
Person(17) = "Muster, Manni"
```

Falls andere Indizes verwendet werden sollen, kann dieses bei der Deklaration angegeben werden:

```
Dim MeineInhalte(10 To 40) As String
```

Wenn Variablen als Array eingerichtet werden, kann die einmal vergebene Anzahl im Verlauf des Programms nicht mehr verändert werden.

Für viele Anwendungen werden variable Dimensionierungen benötigt, damit auf die aktuellen Erfordernisse flexibel reagiert werden kann. Dazu muss ein leeres Klammerpaar anstatt einer Zahl in der Deklaration angegeben werden. Die Dimensionierung kann dann flexibel in einer Prozedur über den `ReDim`-Befehl vorgenommen werden.

Auch besteht die Möglichkeit, eine Variable einem Objekt zuzuordnen. Dazu muss eine Variable vom Datentypen `Object` deklariert werden. Dieser Variablen kann jetzt beispielsweise ein bestimmter Bereich eines Tabellenblatts zugeordnet werden:

```
Dim ErtragBlatt As Object
Set ErtragBlatt=Worksheets("Investition").Range
("Ertrag")
```

Nach diesem Vorgang enthält die Variable `ErtragBlatt` einen Bezug auf den Bereich `Ertrag` aus dem Tabellenblatt `Investition`. Um diesen Wert auszugeben, kann eine der beiden folgenden Alternativen verwendet werden:

```
Worksheets("Investition").Range("Ertrag").Value
ErtragBlatt.Value
```

5.4.6 Tabellenbezüge

Häufig sollen Daten aus verschiedenen Tabellenblättern verarbeitet werden. Dazu ist es notwendig, Speicherzellen von Tabellen gezielt aus VBA-Skripts lesen und verändern zu können.

Der einfachste Fall eines Tabellenbezugs ist ein Bezug auf eine einzelne Zelle einer Tabelle. Eine Zelle einer Tabelle ist ein Objekt vom Typ `Cells`. Wenn bekannt ist, welche Zelle relevant ist, kann ein solches Objekt über die Methode `Cells` angesprochen werden. Diese Methode erwartet eine Zeilen- und eine Spaltenangabe in Klammern. Mit dem folgendem Befehl wird beispielsweise die Zelle B1 als Zellenobjekt ausgewählt:

```
Cells(1,2)
```

Der Parameter gibt zuerst die Zeile und dann die Spalte an. Mit dem obigen Befehl wird also die Zelle B1 angesprochen.

Um dieser Zelle den Wert 17 zuzuweisen, ist folgender Befehl notwendig:

```
Cells(1,2) = 17
```

Da das Arbeitsblatt nicht näher präzisiert wurde, setzt Excel bei diesem Bezug das aktive Arbeitsblatt ein. Soll die Zelle dagegen im Blatt Investitionen gesetzt werden, ist folgender Befehl notwendig:

```
Worksheets("Investitionen").Cells(1,2) = 17
```

In beiden Beispielen wurde keine Eigenschaft angegeben. Die vollständige Syntax müsste lauten:

```
Cells(1,2).Value = 17
Worksheets("Investitionen").Cells(1,2).Value = 17
```

Da die Eigenschaft Value die Standardeigenschaft des Objekts Cells darstellt, wird sie automatisch angenommen, wenn keine andere Eigenschaft angegeben wurde.

Diese Vorgehensweise setzt voraus, dass die zu verwendenden Zellen an einer festgelegten Stelle in der Tabelle zu finden sind.

Alternativ kann mit der Methode ActiveCell auf die aktive Zelle zugegriffen werden. Im folgenden Beispiel wird der Variablen „Zahl" das Zehnfache des Werts der aktiven Zelle zugewiesen:

```
Zahl = 10 * ActiveCell.Value
```

Welches Ergebnis die Formel ermittelt, hängt davon ab, wie sie aufgerufen wird. Excel setzt für ActiveCell das Range-Objekt ein, auf der gerade der Eingabezeiger steht.

Eine Alternative zur Methode Cells stellt die Range-Methode dar. Mit ihr ist es ebenfalls möglich, auf eine Zelle zuzugreifen. Zusätzlich ist aber auch der Bezug auf einen Zellbereich möglich. In den folgenden Beispielen werden die Zelle C4 bzw. der Bereich von Zelle B3 bis Zelle F9 aktiviert:

```
Range("C4").Select
Range("B3:F9").Select
```

Anzumerken ist hier, dass die Range-Methode auch auf Bereiche zugreifen kann, die in einer Excel-Tabelle benannt worden sind:

```
Range("Ertrag").Select
```

Dies hat den Vorteil, dass immer auf den Wert zugegriffen wird, der sich hinter dem benannten Bereich befindet; d. h., auch wenn dieser Bereich in der Excel-Tabelle verschoben werden sollte, können die Daten genutzt werden. Bezieht sich die Range-Methode auf eine explizit bestimmte Zelle (B2), so werden immer die Daten aus dieser Zelle gelesen, auch wenn die Zelle, auf die sich eigentlich bezogen werden sollte, verschoben wurde.

Im zweiten Teil des obigen Beispiels wird die Select-Methode verwendet, um einen Bereich von Zellen zu markieren.

Mit der Selection-Methode kann auf einen bereits markierten Bereich zugegriffen werden. Dies gilt auch für einen vom Anwender markierten Bereich. Meistens ist jedoch nicht bekannt, wie groß der markierte Bereich ist. Die Selection-Methode liefert ein Objekt vom Typ Range. Das Range-Objekt selbst ist keine Liste, aber über die Methoden Columns und Rows kann aus einem Bereich eine Liste der enthaltenen Spalten und Zeilen extrahiert werden. Im folgenden Beispiel werden zwei Variablen die Anzahl der Zeilen und die Spalten der aktuellen Auswahl zugewiesen:

```
ZeilenZahl = Selection.Columns.Count
SpaltenZahl = Selection.Rows.Count
```

Wenn die Ausmaße einer Markierung ermittelt worden sind, kann im nächsten Schritt auf die einzelnen Zellen innerhalb der Markierung zugegriffen werden. Mit dem Befehl

```
Cells(ActiveCell.Row, ActiveCell.Column)
```

wird die Zelle adressiert, die gerade aktiviert ist. Wenn auf Zellen des markierten Bereichs zugegriffen werden soll, müssen die Zeilen- bzw. Spaltenangabe ergänzt werden, indem Werte hinzu addiert werden.

5.4.7   Verzweigungen

Unter einer Verzweigung ist die Ausführung von Anweisungen in Abhängigkeit von dem Wert einer Bedingung zu verstehen. Je nach Wert der Bedingung werden unterschiedliche Befehle in dem Programm ausgeführt.

Der einfachste Befehl für Verzweigungen ist der If-Befehl:

```
If Wert < 0 Then
    Wert = Wert * (-1)
Else
    Wert = Wert + 10
End If
...
```

In obigem Beispiel wird der erste Befehl – die Multiplikation mit –1 – nur dann ausgeführt, wenn die Variable Wert einen Wert enthält, der kleiner als Null ist. Ist die Bedingung nicht erfüllt, so wird zu dem Wert die Zahl 10 addiert. In beiden Fällen erfolgt anschließend die Verarbeitung des restlichen Makros (...), das dem End If-Befehl folgt.

5.4.8   Schleifen

Unter einer Schleife sind Programmteile zu verstehen, die mehrmals durchlaufen werden. Dabei können zwei Arten von Schleifen unterschieden werden: Schleifen, die eine bestimmte Anzahl von Durchläufen vollziehen, und solche, die solange durchlaufen werden, bis eine Bedingung erfüllt wird. Zu beiden Varianten sind in Excel-VBA Befehle vorgesehen.

Der `For...Next`-Befehl erwartet maximal vier Parameter: die Variable, die innerhalb der Schleife als Zähler verwendet werden soll, den Start- und den Endwert sowie die Schrittweite (`Step`). Im folgenden Beispiel werden die Inhalte der Zellen in der ersten Spalte von der ersten bis zur 20. Zeile durchnummeriert:

```
For i = 1 To 20
Cells(i; 1).Value = i
Next i
```

Wird der Parameter `Step` nicht verwendet, wird automatisch eine Schrittweite von 1 angenommen.

Für die Realisierung der zweiten Art von Schleifen ist der `Do...Loop Until`-Befehl vorgesehen. Im folgenden Beispiel wird so lange die Zahl 1 zum Wert der Variablen addiert, bis sie den Wert erreicht hat, der dem anderweitig fixierten `Grenzwert` entspricht.

```
Do
     Wert = Wert + 1
Loop Until Wert = Range(„Grenzwert").Value
```

Für weitergehende Programmierung mit VBA sei auf spezielle Literatur verwiesen. Der Befehlssatz von VBA umfasst mehrere Dutzend Befehle, Parameter, Objekte usw. Jedoch lässt sich mit den hier aufgeführten Beispielen eine Vielzahl von Routineaufgaben automatisieren.

6 Object Linking & Embedding (OLE)

6.1 Statische und dynamische Integration

Excel ermöglicht den Austausch von Daten und Grafiken durch die Befehle Ausschneiden, Kopieren und Einfügen über die **Zwischenablage**. Diese Art des Austausches mit anderen Programmen ist **statischer** Natur, d. h., nach dem Einfügevorgang besteht zwischen der Datenquelle und der Kopie keine Verbindung mehr. Bei Veränderungen in den Quelldaten ist der Vorgang zu wiederholen, wenn diese Veränderungen auch in den Zieldaten erfolgen sollen.

Jedoch kann diese Informationsintegration auch **dynamisch** erfolgen: Excel und die anderen Office-Applikationen, aber auch eine Vielzahl von Programmen anderer Hersteller unterstützen OLE – Object Linking and Embedding. Mithilfe von OLE können Verbunddokumente erstellt und verwaltet werden, deren Teilkomponenten durch Verknüpfung (*Linking*) oder Einbettung (*Embedding*) verbunden sind. Diese Dokumente, die auch als *Container* bezeichnet werden, können wiederum Dokumente enthalten, sodass eine hierarchische Dokumentenstruktur aufgebaut werden kann. OLE verleiht Anwendungen die Möglichkeit, unterschiedliche Dokumententypen bearbeiten zu können, d. h., zur Bearbeitung eines eingebetteten oder verknüpften Objekts muss nicht ein separates Programm manuell aufgerufen werden, vielmehr passt sich die Benutzerschnittstelle des Anwendungsprogramms an die Eigenschaften des jeweiligen Objekts an. Diese Eigenschaft, die auch als *In-Place Activation* bezeichnet wird, wird durch die Integration unterschiedlicher Anwendungen ermöglicht. Zu beachten ist, dass das entsprechende Programm vorhanden sein muss, damit Teilkomponenten bearbeitet werden können.

Verknüpfte Objekte werden dann eingesetzt, wenn die Informationen in Excel immer dann aktualisiert werden sollen, wenn die Originaldaten in der Quelldatei geändert werden. Datenänderungen erfolgen also **simultan**. Hierzu muss stets die Verknüpfung zu den Originaldaten erhalten bleiben, also muss die Quelldatei immer auf dem Computer, im LAN oder Internet verfügbar sein.

Eingebettete Objekte werden Teil der Zieldatei, wodurch die Dateigröße zunimmt. Im Gegensatz zu statisch eingebundenen Informationen können eingebettete Objekte nach ihrer Integration **verändert** werden.

Dabei ist zu beachten, dass Excel nicht nur die Dokumente anderer Anwendungen aufnehmen kann; vielmehr besteht auch die Möglichkeit, dass Excel-Dokumente in andere Applikationen – wie etwa Microsoft Word oder PowerPoint – integriert werden.

6.2 Einbetten (Embedding)

Durch **Einbettung** von Daten oder Grafiken von einem Quellprogramm in ein Zielprogramm, z. B. die Integration von Excel-Daten in einen Word-Text, können die Daten per doppeltem Mausklick in der Zielanwendung Word mit den Befehlen der Quellanwendung Excel bearbeitet werden.

Generell sollte eine Einbettung erfolgen, wenn zu gewährleisten ist, dass die Daten innerhalb der Zielanwendung unabhängig von möglicherweise nicht mehr vorhandenen Quelldaten existieren und bei Bedarf mit den speziellen Möglichkeiten der Quellanwendung gewartet werden sollen. Bei der Einbettung werden die Daten in dem Zieldokument abgelegt und mit einem Verweis auf die Ursprungsanwendung der Daten gespeichert.

Im Folgenden wird gezeigt, wie **Daten aus einer fremden Anwendung in Excel** einzubetten sind. Zunächst sind in der Quelldatei die Daten zu markieren, die in Excel integriert werden sollen. Anschließend sind diese über den Befehl **Kopieren** der Ursprungsanwendung in die Zwischenablage zu duplizieren. Daraufhin ist die Excel-Arbeitsmappe zu öffnen und diejenige Stelle zu kennzeichnen, an der das Objekt eingefügt werden soll. Über den Befehl **Inhalte einfügen** im Drop-down-Menü **Einfügen** des Registers *Start* oder die Tastenfolge [Alt] [R] [V] [V] wird anschließend das in Abb. 89 dargestellte Dialogfenster angezeigt.

Nach der Auswahl des einzufügenden Objekts ist die Optionsschaltfläche **Einfügen** zu markieren. Wird daraufhin der **OK**-Schalter betätigt, wird der in Word markierte Absatz als Objekt in die Excel-Tabelle eingebettet. Durch Anwahl des Kontrollkästchens *Als Symbol* wird ein Symbol eingefügt, das, wenn es mit einem Doppelklick ausgeführt wird, die Quellanwendung startet und den Inhalt einfügt.

Excel bietet zudem die Möglichkeit, vollständige Dokumentdateien aus anderen Anwendungsprogrammen in Excel einzubinden, falls die Anwendungsprogramme OLE unterstützen. Soll dies erfolgen, ist auf dem Register *Einfügen* die Schaltfläche **Objekt** auszuwählen oder alternativ die Tastenfolge [Alt] [I] [J] zu betätigen.

Über das Register *Neu erstellen* ist es möglich, das Objekt zunächst innerhalb der Fremdanwendung neu zu erstellen (vgl. Abb. 89). Hierzu ist zuvor der Objekttyp aus der angebotenen Liste auszuwählen. In dieser Liste werden sämtliche Programme angezeigt, die auf dem Computer installiert sind und OLE unterstützen. Im Register *Aus Datei erstellen* kann eine Datei mit ihrem Speicherort angegeben und in das Excel-Dokument integriert werden.

In ähnlicher Weise sind auch **Daten aus Excel in eine andere Anwendung** einzubetten. Wurde etwa eine Excel-Tabelle in ein Word-Dokument integriert, so kann diese mitsamt der Funktionalität von Excel mit einem Doppelklick aktiviert und innerhalb von Word bearbeitet werden (In Place-Activation).

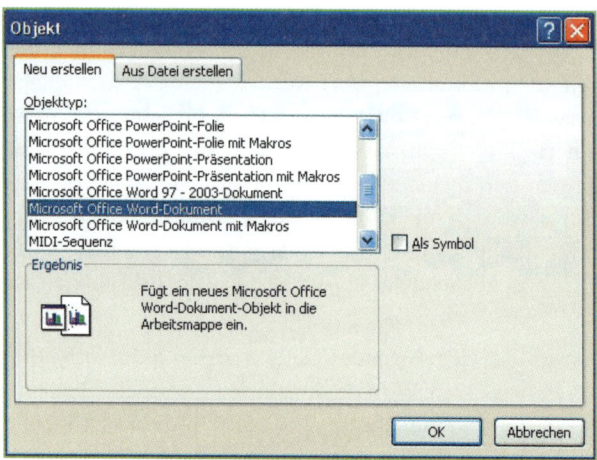

ABB. 89: Beispiele von OLE unterstützenden Anwendungen

6.3 Verknüpfen (Linking)

Bei der **Verknüpfung** geht es darum, Daten aus einer Quelldatei mit einer oder mehreren Zieldateien dauerhaft zu verbinden. Änderungen in den Quelldaten werden in den verknüpften Dateien automatisch übernommen. Sowohl Quell- als auch Zieldatei sind als separate Dateien existent. In der Zieldatei wird lediglich der Verweis auf die Daten der Quelldatei abgelegt. Folglich sind beim Löschen der Quelldatei in der Zieldatei die verknüpften Daten nicht mehr vorhanden.

Generell sollten die zu bearbeitenden Daten verknüpft werden, wenn sie häufig geändert werden. Das Verknüpfen von **Daten aus einer fremden Anwendung mit einer Excel-Arbeitsmappe** erfolgt ähnlich dem Einbetten und soll daher hier nur kurz erläutert werden.

Zunächst sind Excel und die Quellanwendung zu öffnen. Die zu verknüpfenden Daten sind wiederum in die Zwischenablage der Quellanwendung zu kopieren. In der Excel-Arbeitsmappe ist die Einfügestelle für die Daten zu kennzeichnen. Über den Befehl **Inhalte einfügen** aus dem **Einfügen**-Menü oder die Tastenfolge ⟨Alt⟩⟨I⟩⟨J⟩ ist anschließend das in Abb. 89 dargestellte Dialogfenster zu öffnen. Statt jedoch die Optionsschaltfläche bei Einfügen zu belassen, muss sie auf Verknüpfen umgestellt werden. Außerdem bietet Excel 2007 den Befehl **Verknüpfung einfügen** direkt im Drop-down-Menü **Einfügen.**

Auch die Arbeitsschritte zur Verknüpfung von ganzen Dokumentendateien einer anderen OLE-Anwendung mit Excel sind analog der Beschreibung zum Einbetten zu befolgen. Jedoch muss bei der unmittelbaren Integration über das Register *Aus Datei erstellen* die Checkbox *Verknüpfen* aktiviert werden. Die Bearbeitung eines verknüpften Objekts erfolgt wiederum per Doppelklick auf das Objekt.

Die Bearbeitungszeit zur Datenverknüpfung kann für OLE-unterstützende Anwendungen reduziert werden, indem **Drag & Drop** (Ziehen und Ablegen) verwendet wird. Die beiden Anwendungen müssen hierbei jeweils in einem Fenster laufen. Die Daten sind in der Quellanwendung zu markieren und mit der Maus in die Zielanwendung zu ziehen. Die meisten Programme erlauben auch, dass nicht beide Fenster sichtbar sein müssen: Der markierte Datenbestand ist von der Quellanwendung in den Bereich der Windows-Task-Leiste am unteren Rand des Bildschirms zu ziehen, in dem sich die Schaltfläche der Zielanwendung befindet. Daraufhin öffnet sich das Zielprogramm. An der gewünschten Position kann der Anwender den zu verknüpfenden Datenbestand ablegen.

6.4 Hyperlinks

Eine **Alternative** zur Verknüpfung findet sich bei Excel unter der Überschrift **Hyperlink**. Anstatt die Daten der Verknüpfung in Excel kontinuierlich einzublenden, kann ein Verweis auf den Bestand vorgenommen werden. Über den Befehl **Hyperlink** aus dem *Einfügen*-Register, die Tastenkombination ⟨Strg⟩⟨K⟩ oder die Tastenfolge ⟨Alt⟩⟨E⟩⟨K⟩ ist die in Abb. 90 dargestellte Dialogbox zum Einfügen eines Hyperlinks zu öffnen.

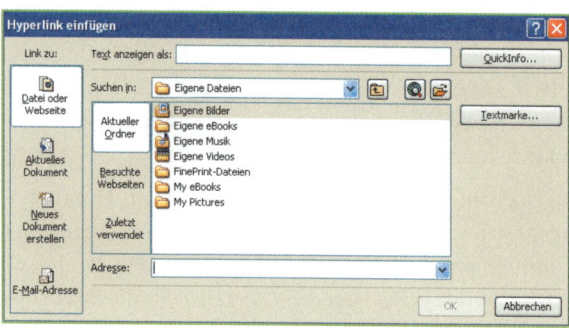

ABB. 90: Dialog zum Einfügen von Hyperlinks

Der Dialog hat zwei Funktionen: Zum einen kann in der Mitte das einzubindende Objekt eingegeben und links bestimmt werden, ob es sich um eine Datei oder Webseite, eine Zelle bzw. einen Zellbereich des aktuellen Dokuments, ein neues Dokument oder eine E-Mail-Adresse handelt. Zum anderen kann mittels der Schaltfläche **Textmarke** ein bestimmter Bereich innerhalb eines Dokuments ausgewählt werden.

In der vor dem Einfügen markierten Zelle erscheint der Hyperlink-Verweis. Durch einen einfachen Klick auf diesen wird, ähnlich des Einfügens von Objekten als Symbol (vgl. Abschnitt 6.2), die Quelldatei in ihrer ursprünglichen Anwendung geöffnet.

Mit den skizzierten Möglichkeiten zum Einfügen von Hyperlinks ist die Einführung in die grundlegenden Funktionen von Excel abgeschlossen. Im Mittelpunkt der anschließenden Anwendung von Excel (Teil 2) stehen Übungsfälle der Betriebswirtschaftslehre, die mithilfe der dargestellten Funktionalitäten zu lösen sind.

AUFLISTUNG DER VERÄNDERTEN TASTENFOLGEN

Excel 2003		Excel 2007	
Tastenfolge/-kombination	Menü/ Steuerelement	Tastenfolge	Registerkarte/ Funktionsgruppe/ Steuerelement
⌨Alt ⌨F ⌨T	Fenster/Teilen	⌨Alt ⌨F ⌨I	Ansicht/Fenster/ Teilen
⌨Alt ⌨F < 0, ... 9 >	Fenster/Mappe < 0, ... 9 >	⌨Alt ⌨F ⌨W < 0, ... 9 >	Ansicht/Fenster/ Fenster wechseln/ Mappe < 0, ... 9 >
⌨Alt ⌨F ⌨O	Fenster/Anordnen	⌨Alt ⌨F ⌨Y	Ansicht/Fenster/ Alle anordnen
⌨Alt ⌨D ⌨K ⌨F	Datei/Druckbereich/ Druckbereich festlegen	⌨Alt ⌨Y ⌨R ⌨F	Seitenlayout/Seite einrichten/Druckbereich/Druckbereich festlegen
⌨Alt ⌨E ⌨K	Einfügen/ Kommentar	⌨Alt ⌨P ⌨K	Überprüfen/ Kommentare/ Neuer Kommentar
⌨Strg ⌨K	Einfügen/Hyperlink	⌨Alt ⌨E ⌨K	Hyperlink (Office 2003-Befehl)
⌨Alt ⌨T ⌨F	Format/AutoFormat	⌨Alt ⌨R ⌨T	Start/Formatvorlagen/Als Tabelle formatieren
⌨Alt ⌨B ⌨F	Bearbeiten/Inhalte einfügen	⌨Alt ⌨R ⌨V ⌨Ü	Start/Zwischenablage/Einfügen/Verknüpfung einfügen
⌨Alt ⌨E ⌨B	Einfügen/Objekt	⌨Alt ⌨I ⌨J	Einfügen/Text/ Objekt

2

Anwendung von Excel

1 Einführung in die Betriebs-wirtschaftslehre

1.1 Budgetkontrolle

Ein Erstsemester-Student muss nicht nur täglich neue Eindrücke im Studium verarbeiten, aus denen letztlich wichtige (Er-)Kenntnisse erwachsen sollen – manchmal verspürt er auch den Wunsch, seine (geringen) Einnahmen und seine (hohen) Ausgaben zu überwachen. Er verfügt über ein Girokonto und über Bargeld. Dabei ist für ihn nur die Gesamtsumme wichtig. Sie sollte immer positiv sein!

Um einen Überblick über die Liquiditätssituation sowie die Höhe der monatlichen Ausgaben – getrennt nach Ausgabenarten – zu gewinnen, beabsichtigt er, ein Arbeitsblatt zu entwickeln, aus dem der aktuelle (buchhalterische) Bestand seiner finanziellen Mittel auf einen Blick erkennbar ist. Natürlich ist dieser Stand nur dann realistisch, wenn er die Disziplin besitzt, seine Einnahmen und Ausgaben wirklich täglich in das Arbeitsblatt einzutragen.

Entwickeln Sie ein Excel-Arbeitsblatt – ob Sie es dann auch tatsächlich selbst benutzen, sollten Sie mit sich selbst abmachen.

1.2 Entscheidungsregeln

Ein Entscheidungsträger steht vor der Wahl, die seiner Risikopräferenz entsprechende Alternative auszuwählen. Die Alternativen schließen sich gegenseitig aus. Die in Gewinngrößen ausgedrückten Entscheidungskonsequenzen G_{ij} der Alternativen A1, A2 und A3 hängen vom Eintritt der Umweltsituation U1, U2, U3 bzw. U4 ab. Die Umweltsituationen schließen sich gegenseitig aus.

A_i \ G_{ij} U_j	U_1	U_2	U_3	U_4
A_1	12	10	2	−10
A_2	8	7	7	−6
A_3	6	5	4	−4

ABB. 91: Entscheidungsmatrix

Entwickeln Sie ein Arbeitsblatt zur Alternativenauswahl unter Verwendung der Minimax-Regel, der Maximax-Regel und des Kriteriums des geringsten Bedauerns.

Entwickeln Sie ein Arbeitsblatt für den Fall, dass der Entscheidungsträger in der oben dargestellten Datensituation den Erwartungswert des Gewinns als Entscheidungskriterium verwendet. Denken Sie daran, dass die Eingabe von subjektiven Wahrscheinlichkeiten, deren Summe gleich 1 bzw. 100 % ist, zur Ermittlung des Erwartungswerts erforderlich ist.

1.3 Multikriterielle Entscheidungen

Für eine Einproduktunternehmung gelten die folgenden, auf eine Periode bezogenen Daten:

Kapazität	100	[ZE]
Belegschaftsstärke	100	Mitarbeiter
Produktionskoeffizient	2	[ZE/ME]
Absatzhöchstmenge	65	[ME]
variable Kosten pro Stück	10	[GE/ME]
Preis	20	[GE/ME]
fixe Kosten	500	[GE]
Schadstoffausstoß pro Stück	100	[SE/ME]

Es ist beabsichtigt, eine Rationalisierungsmaßnahme durchzuführen. Eine neue Anlage soll angeschafft und der Produktionsprozess umgestaltet werden. Dadurch steigen die fixen Kosten um 100 GE, die variablen Kosten sinken um 1 [GE/ME]. Die Kapazität wird aufgrund der neuen Anlage um 10 ZE erhöht. Ferner ist mit einer um 25 % höheren Produktivität zu rechnen. Der Schadstoffausstoß wurde um 5 [SE/ME] gesenkt. Außerdem wurde ein Mitarbeiter entlassen. Es wird damit gerechnet, dass die Kunden die stärkere Ökologieorientierung anerkennen und einen Preis von 21 [GE/ME] akzeptieren.

Entwickeln Sie ein Arbeitsblatt zur Analyse der Konsequenzen der Rationalisierungsmaßnahme in Bezug auf Produktivität, Leistungen, Kosten und Betriebsergebnis. Erweitern Sie Ihre Analysen um soziale und ökologische Überlegungen.

Machen Sie die Entscheidungssituation sowohl durch ein Total- als auch durch ein Differenzenkalkül transparent. Erörtern Sie die Entscheidungssituation und insbesondere die im Differenzenkalkül ausgewiesenen Ergebnisse in verbaler Form.

2 Investition und Finanzierung

2.1 Ermittlung der Zahlungsfolge einer Investition

Erarbeiten Sie ein Arbeitsblatt zur Ermittlung der Zahlungsfolge einer Investition, mit der ein bestimmtes Produkt hergestellt werden kann. Die Anschaffungsauszahlung ist zum Zeitpunkt t=0 fällig. Als Nutzungsdauer ist ein Zeitraum von fünf Jahren zugrunde zu legen. Am Ende der Nutzungsdauer ist mit einer Einzahlung durch den Wiederverkauf der Anlage zu rechnen.

Für das auf der Maschine herzustellende Produkt müssen noch folgende Daten erhoben werden:

Die mit der Produktion verbundenen Auszahlungen für Materialverbrauch, Fertigungslöhne und Energieverbrauch sind für den Zeitpunkt t=1 zu bestimmen. Für die weiteren Zeitpunkte ist mit einer jährlichen Kostenerhöhung um einen konstanten Prozentsatz zu rechnen. Dieser Prozentsatz ist jeweils auf die variablen Stückkosten des Vorjahres anzuwenden.

Auch der für t=1 geplante Absatzpreis ist noch zu schätzen. Für die weitere Entwicklung ist von einer jährlichen Preiserhöhung um einen konstanten Prozentsatz vom Preis des Vorjahres auszugehen.

Für den Zeitraum der Nutzung des Investitionsobjekts ist die Nachfrageentwicklung zu prognostizieren.

Bezüglich der Kapazität der Maschine ist davon auszugehen, dass diese im Zeitablauf variieren kann. Eine Gesetzmäßigkeit, die in einer Wachstumsrate ausgedrückt werden kann, ist nicht bekannt.

Eine Lagerhaltung der Produkte ist aus technischen Gründen nicht möglich.

Während der gesamten Nutzungsdauer fallen gleichbleibende Auszahlungen für die Wartung an. Zu berücksichtigen ist auch hier eine konstante Steigerungsrate, die auf die Wartungskosten pro Jahr zu beziehen ist.

Bezüglich der Leistungen und Kosten gelten folgende Annahmen:

– sämtliche Leistungen führen im gleichen Jahr zu Einzahlungen,

– sämtliche Kosten (außer Abschreibungen) führen im gleichen Jahr zu Auszahlungen,

– aus rechentechnischen Gründen sind die laufenden Ein- und Auszahlungen auf das jeweilige Jahresende zu beziehen.

Anzumerken ist, dass der Ausgabeteil des Arbeitsblatts die Ein- und Auszahlungsfolge sowie die Differenz beider Folgen – also die Zahlungsfolge der Investition – zum Inhalt haben soll. Sämtliche Elemente der Folgen sollen in der Ausgabetabelle nachvollzogen werden können.

2.2 Investitionsrechnung

Für eine Investition wird die folgende Zahlungsfolge prognostiziert:

Jahr	Zahlung in €
2008	−100.000
2009	30.000
2010	20.000
2011	40.000
2012	30.000

ABB. 92: Zahlungsfolge

(1) Berechnen Sie die Kapitalwerte (Funktion: NBW) der Investition für die Zinssätze 5 %, 10 % und 15 %.

(2) Wie müsste sich die Zahlung im letzten Jahr (2012) ändern, damit sich bei einem Zinssatz von 10 % ein Kapitalwert von 0 ergibt?

(3) Berechnen Sie den Internen Zinsfuß (Funktion: IKV) für die Investition.

2.3 Nutzwertanalyse

In der Literatur zur Einführung in die Wirtschaftsinformatik wurde die im Folgenden auszugsweise dargestellte Wirtschaftlichkeitsrechnung zum Vergleich von Angeboten von Hard- und Softwarealternativen dargestellt:[1]

Kriterium	Gewicht (in %)
Kaufpreis der Software	30
Kaufpreis der Hardware	20
Erweiterungsfähigkeit der Hardware	10
Garantie regelmäßiger Softwarepflege	25
Entfernung der Technikerbereitschaft	10
Anzahl Referenzinstallationen	5
Summe der Gewichtsprozente	100

ABB. 93: Gewichtung der Kriterien

Kriterium	Angebotsbewertung		
	A	B	C
Kaufpreis der Software (€)	12.000	15.000	20.000
Kaufpreis der Hardware (€)	30.000	20.000	15.000
Erweiterungsfähigkeit der Hardware	Hauptspeicher und Peripherie	nur Peripherie	keine
Garantie regelmäßiger Softwarepflege	ab nächstem Jahr	ja	evtl.
Entfernung der Technikerbereitschaft	100 km	am Ort	1 Flugstunde
Anzahl Referenzinstallationen	15	3	6

ABB. 94: Gegenüberstellung der Angebote

---

[1] Vgl. Grob, H. L., Reepmeyer, J.-A., Bensberg, F. (2004), S. 492 ff.; Grob, H. L., Bensberg, F. (2008), S. 33 ff.

Kriterium	Angebot		
	A	B	C
Kaufpreis der Software (€)	5	4	2
Kaufpreis der Hardware (€)	1	3	4
Erweiterungsfähigkeit der Hardware	5	3	1
Garantie regelmäßiger Softwarepflege	2	5	3
Entfernung der Technikerbereitschaft	2	5	1
Anzahl Referenzinstallationen	5	2	4

Legende: 1 = schlecht, ..., 5 = sehr gut

ABB. 95: Bewertung der Angebote

Entwickeln Sie ein Arbeitsblatt zur Ermittlung der Nutzwerte bei konsequenter Anwendung der oben angegebenen Daten.

Ermitteln Sie die Nutzwerte der beiden Alternativen für die *nichtmonetären* Kriterien und konfrontieren Sie diese Ergebnisse mit den monetären Entscheidungskonsequenzen in einer Entscheidungsmatrix.

2.4 Gewinnvergleichsrechnung

Erstellen Sie eine Gewinnvergleichsrechnung zur Ermittlung des Kalkulatorischen Gewinns einer Investition. Weisen Sie außerdem die durchschnittliche Auslastung der Investition aus.

Der Kalkulatorische Gewinn[1] ist wie folgt definiert:

Leistungen
– variable Kosten
– fixe Kosten (außer Kapitaldienst)
– Kapitaldienst
= Kalkulatorischer Gewinn

ABB. 96: Ermittlung des Kalkulatorischen Gewinns

---

[1] Vgl. Grob, H. L., Bensberg, F. (2005), S. 14, S. 154 ff.

Der Kapitaldienst setzt sich aus Abschreibungen und Zinsen zusammen.

Die Formel zur Bestimmung der Abschreibungen lautet:

Abschreibungen =

$$\frac{\text{Anschaffungsauszahlung} \quad - \quad \text{Liquidationsüberschuss}}{\text{Abschreibungsdauer}}$$

Die Formel für die Kalkulatorischen Zinsen lautet:

Kalkulatorische Zinsen =

$$\frac{\text{Anschaffungsauszahlung} \quad + \quad \begin{array}{c}\text{Restbuchwert vor letzter}\\\text{Abschreibung und Liquidation}\end{array}}{2}$$

x Kalkulationszinsfuß

Zur Bestimmung der Leistungen und Kosten sind folgende Daten im Eingabeteil vorzusehen:

– Anschaffungsauszahlung der Investition in t=0,

– Nutzungsdauer,

– Liquidationsüberschuss am Ende der Nutzungsdauer,

– Kosten zur Wartung und Inspektion der Anlage (fixe Kosten),

– Absatzpreis des herzustellenden Produktes,

– variable Herstellkosten des Produktes,

– durchschnittliche Kapazität der Anlage pro Jahr,

– durchschnittlicher Absatz und

– Kalkulationszinsfuß.

2.5 Die klassischen dynamischen Verfahren

Ermitteln Sie die folgenden Zielwerte der klassischen dynamischen Investitionstheorie in Abhängigkeit vom Kalkulationszinsfuß und stellen Sie die Daten in einem Arbeitsblatt zusammen:

- Gegenwartswerte zu den Zeitpunkten t=1 bis t=5,

- Kapitalwert,

- Endwert der Investtion,

- Annuität,

- Interner Zinsfuß und

- Pay-off-Periode.

Für den Kalkulationszinsfuß sind sechs Varianten mit gleich großen Intervallen (z. B. 5–10 % oder 10,0–10,5 %) anzusetzen.

2.6 VOFI-Einführung

Entwickeln Sie einen VOFI zur Ermittlung des Endwerts der Investition DY11. Gehen Sie von der Konzeption eines gespaltenen Zinsfußes mit einem periodeneinheitlichen Soll- und Habenzinsfuß aus.

Der VOFI sollte wie folgt aufgebaut werden:

Zeitpunkt	0	...	n
Zahlungsfolge der Investition			
Eigene Mittel			
+ Einsatz			
− Entnahme			
+ Einlage			
Kredit			
+ Aufnahme			
− Tilgung			
− Sollzinsen			
Reinvestition			
− Anlage			
+ Rückfluss			
+ Ertrag			
Finanzierungssaldo	0	...	0
Bestandsgrößen			
Finanzbestand			
Kreditbestand			
Bestandssaldo			

ABB. 97: Aufbau des VOFIs[1]

Testen Sie Ihren VOFI, indem Sie als Anschaffungsauszahlung eine Null eingeben. Wird in diesem Fall auch tatsächlich im Zeitpunkt Null eine Anlage in Höhe des Eigenkapitals durchgeführt?

---

[1] Vgl. Grob, H. L. (2006), S. 122 ff.

Geben Sie andere extreme Datenkonstellationen ein und beobachten Sie, ob die Daten unterhalb der Zahlungsfolge auch tatsächlich Null oder positiv sind.

Lösungshinweise: Entwerfen Sie zunächst die äußere Form des Arbeitsblatts. Geben Sie dann die Basisdaten ein sowie die Formeln für die Zahlungsfolge und das Eigenkapital. Gestalten Sie jetzt die Formeln für die Aufnahme des Standardkredits und die Anlage der Reinvestition zum Zeitpunkt t=0. Hierbei handelt es sich jeweils um eine WENN-Formel, in der geprüft wird, ob die Summe der bereits feststehenden Werte dieser Spalte (Anschaffungsauszahlung, Eigenkapital, Entnahme und Einlage) größer oder kleiner Null ist. Ist sie kleiner als Null, so muss ein Kredit in dieser Höhe aufgenommen werden. Wenn sie größer als Null ist, muss dementsprechend eine Reinvestition durchgeführt werden. Ist der Wert dieser Spalte gleich Null, so ist nichts zu unternehmen. Geben Sie jetzt die Formel für den Finanzierungssaldo ein. Beachten Sie dabei die unterschiedlichen Vorzeichen. Als Letztes können für den Zeitpunkt t=0 die Bestände festgestellt werden.

In t=1 müssen die Soll- und Habenzinsen (Reinvestitionserträge) errechnet werden. Diese lassen sich leicht durch Multiplikation des Bestands der Vorperiode mit dem entsprechenden Zinssatz ermitteln. Die restlichen Formeln sind komplexer:

Ein zusätzlicher Kredit muss aufgenommen werden, wenn

- die Summe aus Einzahlungsüberschuss, Entnahme, Einlage, Sollzinsen und Habenzinsen kleiner als Null ist und

- der Finanzbestand in der Vorperiode nicht groß genug ist, dieses als „vorläufiger Finanzierungssaldo" bezeichnete Defizit auszugleichen.

Die Höhe der Aufnahme richtet sich nach der Differenz von (a) und (b). Also muss der Eintrag in dieser Zelle lauten:

= WENN(UND(a>0;b<a);b-a;0)

Getilgt werden muss, wenn

- der vorläufige Finanzierungssaldo, der aus den Komponenten Einzahlungsüberschuss, Entnahme, Einlage, Sollzinsen und Habenzinsen besteht, größer als Null ist und

- in der Vorperiode der Kreditbestand ebenfalls größer als Null ist.

Die Höhe des Tilgungsbetrags richtet sich nach dem Minimum von (a) und (b). Also muss der Eintrag in dieser Zelle lauten:

= WENN(UND(a>0;b>0);MIN(a;b);0)

Die Formeln für die Geldanlage (Reinvestition) und die Auflösung der Standardgeldanlage sind entsprechend zu gestalten.

Die Bestände richten sich in t=1 nach dem Bestand der Vorperiode und den Zu- bzw. Abgängen in dieser Periode.

Nachdem Sie in diesen Formeln Bezüge auf die Zinssätze absolut und alle anderen Bezüge relativ angegeben haben, so können die Formeln dieser Periode in die folgenden kopiert werden.

Lösungshinweise: Laut Konvention ist es nicht zulässig, dass im VOFI negative Werte (außer der Zahlungsfolge und den Bestandssalden) oder Nullen (außer der Zahlungsfolge und den Finanzierungssalden) angezeigt werden. Damit keine negativen Werte im VOFI vorkommen (z. B. ist eine Tilgung nicht –1.000 €, sondern 1.000 €), müssen in den Formeln der einzelnen Zellen die Vorzeichen entsprechend gewählt werden. Die Nullen können vermieden werden, indem für die betreffenden Zellen als Zahlenformat # vorgegeben wird.

2.7   VOFI-Pay-off-Methode

Bestimmen Sie unter Verwendung des Arbeitsblatts aus dem einführenden Übungsfall zum VOFI die VOFI-Pay-off-Periode.[1] Gehen Sie dabei wie folgt vor:

---

[1] Vgl. Grob, H. L. (2006), S. 272-274.

1. Kopieren Sie den Ein- und Ausgabeteil aus dem Arbeitsblatt des oben genannten Falls.

2. Ergänzen Sie den Eingabeteil um den Opportunitätszinssatz.

Bauen Sie eine neue Tabelle auf mit dem Bestandssaldo der Investition, der aus dem VOFI kopiert werden kann, und der Bestandsentwicklung der Opportunität. Aus diesem Zielwertvergleich kann dann die VOFI-Pay-off-Periode bestimmt werden.

Zur Erhöhung der Benutzerfreundlichkeit sollte die VOFI-Pay-off-Periode in der entsprechenden Periodenspalte durch ein Symbol deklariert werden. Darüber hinaus ist der folgende Satz auszugeben: „Die VOFI-Pay-off-Periode liegt am Ende des … Jahres."

Lösungshinweise: Die Formel für die Pay-off-Periode ist als WENN-Funktion zu notieren, in der die Höhe der Bestandssalden von Investition und Opportunität je Periode miteinander verglichen werden und gleichzeitig geprüft wird, ob bereits in einer der Vorperioden die Pay-off-Periode erreicht wurde.

2.8   VOFI mit Konditionenvielfalt auf dem Finanzierungssektor

Entwickeln Sie einen VOFI für den Fall der Konditionenvielfalt auf dem Finanzierungssektor und bauen Sie dabei einen Kredit mit endfälliger Tilgung ein.

Geben Sie bei dem Kredit mit Endtilgung unterschiedliche Laufzeiten ein (durchaus auch einmal eine Laufzeit, die größer ist als der Planungshorizont) und beobachten Sie den Endwert (Bestandssaldo) im Zeitpunkt t=5.

Lösungshinweise: Übernehmen Sie ein bereits erstelltes VOFI-Template aus Abschnitt 2.6. Fügen Sie nun die Zeilen für den Kredit mit Endtilgung ein. Die Formel für die Aufnahme eines Kredits entspricht grundsätzlich der Formel für den Standardkredit. Allerdings ist die

Formel so zu erweitern, dass die Kreditobergrenze berücksichtigt wird. Getilgt werden muss der aufgenommene Betrag in derjenigen Periode, in der das Ende der Laufzeit erreicht wird. Die Formeln für den Kontokorrentkredit entsprechen den Formeln des Standardkredits.

2.9 VOFI mit Ertragsteuern

Erweitern Sie den VOFI mit gespaltenem Zinsfuß um die Einbeziehung von Ertragsteuern. Gehen Sie davon aus, dass die gesamte Anschaffungsauszahlung abschreibungsfähig ist und linear abgeschrieben werden soll.

Bezüglich des Ertragsteuersatzes ist vom Konzept des Ertragsteuersatzes auszugehen. Der Ertragsteuersatz ist als Konstante einzugeben.

Lösungshinweise: Stellen Sie eine Nebenrechnung auf, in der Sie zunächst (mithilfe der MAX-Formel) die Abschreibungsbeträge jeder Periode bestimmen und dann die Steuerzahlungen bzw. Steuererstattungen auf Basis der Steuerbemessungsgrundlage und des Ertragsteuersatzes errechnen.

Erweitern Sie parallel dazu den VOFI um die Positionen Steuerzahlung und -erstattung. Diese müssen noch in den bereits bestehenden Formeln des VOFIs berücksichtigt werden.

2.10 Diagramme zum VOFI

Legen Sie ein neues Arbeitsblatt zum VOFI mit Ertragsteuern an, auf dessen Grundlage Sie mithilfe des Diagramm-Assistenten beispielsweise folgende Diagramme erstellen:

– Für die Zahlungsfolge ist ein 2D-Säulendiagramm zu wählen.

– Die Abschreibungsbeträge je Periode sind in einem 2D-Kreisdiagramm und einem 2D-Flächendiagramm darzustellen.

– Der Bestandssaldo ist in einem 2D-Liniendiagramm zu präsentieren.

2.11 Makrogesteuertes Menü zum VOFI

Modifizieren Sie das Arbeitsblatt zum VOFI mit Ertragsteuern durch Einfügen eines Menüs, in dem durch Schaltflächen folgende Funktionen anwählbar sind:

– Eingabe der Basisdaten,

– Ausgabe der Nebenrechnungen und

– Ausgabe des VOFIs.

Jeder Schaltfläche wird ein eigenes Excel-Makro zugeordnet. Die Makros der zwei letzten Funktionen sollen lediglich den Ausgabebereich so verschieben, dass das gewünschte Arbeitsblatt am Bildschirm dargestellt wird. Auf dem gewählten Blatt soll wiederum eine Schaltfläche ausgewählt werden können, die zurück zur Eingabe wechselt.

Das Makro zur Eingabe der Basisdaten soll mit der Excel-Funktion *Eingabe* arbeiten, wobei dem Anwender als Vorgabewert der aktuelle Wert angeboten werden soll. Die Eingabe ist dann mit der *Formel*-Funktion als neuer Wert zu übernehmen. Wenn das Arbeitsblatt geschützt ist, so muss in diesem Makro zuerst der Schutz mit *Datei schützen* aufgehoben werden, da sonst die Zellen nicht verändert werden können. Am Ende des Makros sollte der Schutz dann wieder aktiviert werden.

2.12 Das Konzept der Totalgewinnanalyse

Erarbeiten Sie ein Arbeitsblatt zur Realisierung des Konzepts der Totalgewinnanalyse.[1] Der Eingabeteil sollte bei den Finanzierungsdaten einen Kredit mit Endtilgung berücksichtigen, der durch die Kredithöhe, den Sollzinsfuß, ein Disagio und die Laufzeit (in Jahren) gekennzeichnet ist. Ansonsten ist ein Kontokorrentkredit vorzusehen.

---

[1] Vgl. Grob, H. L. (2006), S. 234-238.

Für Reinvestitionen ist die Pauschalannahme einer Verzinsung zum Habenzinsfuß ausreichend. Die Elemente der Zahlungsfolge sollten unterschieden werden in:

- Anschaffungsauszahlung,
- Liquidationsüberschuss,
- laufende Einzahlungen,
- fixe Auszahlungen und
- variable Auszahlungen.

Zur Bestimmung des Totalgewinns ist als Zwischenrechnung ein VOFI aufzustellen, bei dem – wie bei der Einführung in die Total-gewinnanalyse vorgeschlagen – bei den Bewegungsgrößen sowie dem Eigenkapital in jeder Zeile eine Summe gebildet wird. Auf diese Summen ist bei der Aufspaltung des Kalkulatorischen Gewinns der Totalperiode zuzugreifen.

Bei der Ausgabe ist folgendes Schema zur Definition des Kalkulatorischen Gewinns der Totalperiode zu berücksichtigen:

Erlöse
+ außerordentliche Erträge
− variable Aufwendungen
− fixe Aufwendungen
− Abschreibungen
= Pagatorischer Gewinn der Totalperiode der Investition 1
+ Reinvestitionserträge und Erträge aus Ergänzungsinvestitionen
= Pagatorischer Gewinn der Totalperiode der Investition 2
− Zinsaufwand (inkl. Disagio)
= Pagatorischer Gewinn der Totalperiode der Investition 3
− Kalkulatorische Zinsen
= Kalkulatorischer Gewinn der Totalperiode

ABB. 98: Kalkulatorischer Totalgewinn

Lösungshinweise: Übernehmen Sie einen VOFI aus Abschnitt 2.6 und erweitern Sie diesen um die differenzierten Ein- und Auszahlungen. Die zusätzlichen Zeilen müssen jetzt natürlich in allen Formeln berücksichtigt werden, die die Zahlungsfolge beinhalten. Erweitern Sie den VOFI nun zusätzlich um eine Spalte, in der Sie mithilfe der *Summe*-Formel die Summe über die Spalten der Zeitpunkte 0 bis 5 bilden.

Für das Endergebnis (Errechnung des Kalkulatorischen Gewinns der Totalperiode) entnehmen Sie die entsprechenden Daten dem VOFI.

2.13 Das Konzept der Differenzanalyse

Realisieren Sie das Konzept der Differenzanalyse, indem Sie ein Arbeitsblatt für einen Δ-VOFI (lies: Delta-VOFI) erarbeiten. Der Eingabeteil sollte neben der Zahlungsfolge und dem Eigenkapital eine Darlehensfinanzierung mit endfälliger Tilgung vorsehen. Hierbei ist auch ein Disagio zu berücksichtigen.

Dieses Darlehen soll in den Mittelpunkt der Differenzanalyse gestellt werden. Und zwar soll nicht nur die durch das Darlehen realisierbare Endwertverbesserung ausgewiesen werden, sondern im Rahmen des Δ-VOFIs eine detaillierte Analyse der Änderung der Bestandsentwicklung. Ähnlich wie bei der Aufspaltung des Kalkulatorischen Totalgewinns soll auch eine Aufspaltung des zusätzlichen Kalkulatorischen Totalgewinns ausgewiesen werden. Markante Daten des Δ-VOFIs sind farblich zu markieren.

Lösungshinweise: In diesem Abschnitt können Sie den VOFI markieren und nach unten im Arbeitsblatt kopieren. Beachten Sie dabei, wie sich relative, gemischte und absolute Adressierung bei einem Kopiervorgang auswirken.

Bilden Sie im Δ-VOFI die Summe über die Spalten der Zeitpunkte t=0 bis t=5 und heben Sie Zellen mit markanten Werten farblich hervor.

2.14 Kontrolle des Investitionsbudgets

Zur Kontrolle des Investitionsbudgets sind nicht nur die Ausgaben zu erfassen, sondern auch das offene Bestellvolumen, da das verfügbare Budget bereits durch das Eingehen von Verträgen reduziert wird. Offenbar sind offene Bestellungen mit Schätzwerten „auszubuchen", sobald die Rechnung mit dem Rechnungsbetrag eingetroffen ist.

Entwickeln Sie ein Arbeitsblatt, in das zur Kontrolle des Investitionsbudgets eines Projekts die Bestellungen sowie die zeitlich später eintreffenden Rechnungen einzugeben sind. Gehen Sie davon aus, dass jede Bestellung eine und nur eine Rechnung zur Folge hat.

2.15 Leverage-Effekt

Bekanntlich beeinflusst das Verhältnis von Fremdkapital zu Eigenkapital (Fremdkapital/Eigenkapital = Verschuldungsgrad) bzw. das von Fremd- zu Gesamtkapital (Fremdkapital/Gesamtkapital = Fremdkapitalanteil) den Zusammenhang zwischen Gesamtkapital- und Eigenkapitalrentabilität. Solange der Fremdkapitalzinssatz *unter* der Gesamtkapitalrentabilität liegt, führt eine Erhöhung des Verschuldungsgrades zu einer Steigerung der Eigenkapitalrentabilität. Liegt der Fremdkapitalzinssatz *über* der Gesamtkapitalrentabilität, so führt eine Erhöhung des Verschuldungsgrades zu einer Verminderung der Eigenkapitalrentabilität.

Der Leverage-Effekt ist ein wichtiger Bestandteil der Finanzierungstheorie. Da aber Finanzierung und Investition bekanntlich „zwei Seiten einer Medaille" sind, ist es naheliegend, den Zusammenhang zwischen dem Leverage-Effekt und der in der Investitionsrechnung gebräuchlichen statischen Gewinnvergleichsrechnung zu analysieren. Hierzu ist von folgendem Beispiel auszugehen:

Eine Unternehmung verfügt in der Ausgangssituation über ein Eigenkapital von 100 T€. Das Fremdkapital beträgt im Betrachtungszeitpunkt 500 T€. Der Jahresgewinn beläuft sich auf 30 T€. Als Fremdkapitalzinsfuß ist pauschal 10 % anzunehmen.

Die Geschäftsleitung plant, eine Investition mit einer Anschaffungsauszahlung von 180 T€ durchzuführen, durch die der Gewinn – hierbei handelt es sich um eine Pagatorische Größe – um 5 T€ steigen wird. Zur Finanzierung der Anschaffungsauszahlung ist Fremdkapital in Höhe von 100 T€ aufzunehmen. Als Opportunitätskostensatz ist 6 % anzunehmen.

Erstellen Sie ein Arbeitsblatt zur Berechnung der Vorteilhaftigkeit der Investition unter Verwendung der statischen Rentabilität. Analysieren Sie dabei den Leverage-Effekt. Führen Sie Berechnungsexperimente zur Analyse des Einflusses einzelner Parameter durch.

2.16 Effektivverzinsung von Krediten

Entwickeln Sie ein Arbeitsblatt zur Bestimmung der Effektivverzinsung eines endfälligen Kredits. Stellen Sie dabei Überlegungen zur Parametrisierung der Laufzeit an. Berücksichtigen Sie als Kreditkondition auch ein Disagio.

2.17 Folgen und Reihen

Entwickeln Sie ein Arbeitsblatt zur Visualisierung arithmetischer und geometrischer Folgen und Reihen.

3 Externes und internes Rechnungswesen

3.1 Bilanz und Bewegungsbilanz

Die Bilanz zum Zeitpunkt t=0 lautete:

Aktiva		Bilanz t=0	Passiva
Anlagevermögen	5	Eigenkapital	7
Umlaufvermögen		Fremdkapital	4
Warenbestand	4		
Geldbestand	2		
	11		11

ABB. 99: Bilanz [in Mio. €]

Im Zeitpunkt t=1 ereigneten sich folgende Geschäftsvorfälle:

(3) Die Unternehmung führte im Laufe des Geschäftsjahres Investitionen mit einem Investitionsvolumen von 4 Mio. € durch. Die Finanzierung erfolgte ausschließlich durch Fremdkapital.

(4) Der (normale) Werteverzehr des Anlagevermögens betrug 1 Mio. €.

(5) Die Umsatzerlöse in Form von Barverkäufen betrugen 4 Mio. €. Der Wareneinsatz belief sich auf 2 Mio. €.

(6) Aufgrund der positiven Entwicklung der Liquidität konnte der Schuldenstand um 3 Mio. € reduziert werden.

Stellen Sie die Bilanz zum Zeitpunkt t=1 auf.

Ermitteln Sie eine Bewegungsbilanz.

3.2 Anlagengitter

Nach §268 Abs. 2 HGB haben Kapitalgesellschaften in der Bilanz oder im Anhang die Entwicklung der einzelnen Posten des Anlagevermögens und des Postens „Aufwendungen für die Ingangsetzung und Erweiterung des Geschäftsbetriebs" darzustellen.[1] Fertigen Sie ein Arbeitsblatt zum Anlagegitter einer Kapitalgesellschaft an. Das Anlagengitter ist dabei nach der direkten Bruttomethode zu erstellen, wonach die Entwicklung des Anlagevermögens anhand der folgenden Positionen spaltenweise dokumentiert wird:

– Historische Anschaffungs- oder Herstellungskosten,

– Zugänge,

– Abgänge,

– Umbuchungen,

– Zuschreibungen des Geschäftsjahres,

– Abschreibungen (kumuliert),

– Restbuchwert zum Ende des Jahres,

– Restbuchwert Vorjahr und

– Abschreibung des Geschäftsjahres.

3.3 Hauptabschlussübersicht

Erstellen Sie ein Arbeitsblatt zum Jahresabschluss. Die Unterlage sollte nicht nur die Hauptabschlussübersicht (z. B. Summenbilanzen) enthalten, sondern auch die Gegenüberstellung der Erträge und Leistungen

---

[1] Vgl. Grob, H. L., Bensberg, F. (2005), S. 265.

sowie der Aufwendungen und Kosten. Die Differenzen zwischen den Rechenelementen des externen und des internen Rechnungswesens sollten in Form von Brückenpositionen bei der Überführung des Erfolgs der Gewinn- und Verlustrechnung in das Betriebsergebnis der Leistungs- und Kostenrechnung dargestellt werden.

3.4 Abschreibungsmethoden

Erstellen Sie eine Tabelle zur Darstellung der Entwicklung von Buchwerten bei linearer und degressiver Abschreibung für das interne Rechnungswesen. Bei der Berechnung der Abschreibungen sind folgende Daten zu berücksichtigen:

- Anschaffungsauszahlung,
- Liquidationsüberschuss und
- Nutzungsdauer.

Der Satz der degressiven Abschreibung wird wie folgt bestimmt:

$$p = 1 - \sqrt[n]{\frac{RBW_n}{a_0}}$$

Symbole

p	Prozentsatz der degressiven Abschreibung
n	Nutzungsdauer
RBW_n	Restbuchwert am Ende der Nutzungsdauer
a_0	Anschaffungsauszahlung

Gehen Sie davon aus, dass am Ende der Nutzungsdauer ein Restbuchwert in Höhe des Liquidationsüberschusses vorliegt.

3.5 Entwicklung des Material- bestands

Fertigen Sie ein Arbeitsblatt an, aus dem die mengenmäßige Entwicklung des Materialbestands hervorgeht. Die Grundlage bildet die Formel zur Bestandsfortschreibung, die wie folgt lautet:

AB + Z – A = EB

Symbole

AB   Anfangsbestand
Z   Zugang
A   Abgang
EB   Endbestand

Der Anfangsbestand entspricht dem buchmäßigen Anfangsbestand. Bezüglich des Abgangs ist in wirtschaftlichen Verbrauch (Sollverbrauch) und den durch Unwirtschaftlichkeiten bedingten Mehrverbrauch zu differenzieren. Der fortgeschriebene Endbestand stellt am Periodenende den buchmäßigen Endbestand dar. Um den Verbrauch aufgrund von Diebstahl, Leckage und Schwund feststellen zu können, ist zusätzlich der Endbestand laut Inventur, also der tatsächliche Endbestand, ins Arbeitsblatt aufzunehmen und dem buchmäßigen Endbestand gegenüberzustellen. Die Differenz bildet den nicht registrierten Materialverbrauch.

3.6 Materialkosten

Erarbeiten Sie ein Arbeitsblatt, aus dem die wertmäßige Entwicklung des Materialbestands hervorgeht. Wenden Sie dabei das Konzept der rollenden Durchschnittspreise an. Bei der Bewertung zum rollenden Durchschnittspreis wird der Verrechnungspreis des Materialbestands – und damit der für die Bewertung des Verbrauchs gültige Preis – bei jedem Zugang modifiziert. Die Abgänge werden damit zu dem jeweils aktuellen Durchschnittspreis bewertet. Um die wertmäßige Entwicklung des Materialbestands zu dokumentieren, übernehmen Sie das Arbeitsblatt aus der vorangehenden Folge und erweitern Sie dieses um den Materialwert und den Preis pro Materialeinheit.

3.7 BAB der Istkostenrechnung

Entwickeln Sie einen Prototypen für einen Betriebsabrechnungsbogen (BAB) der Istkostenrechnung.[1] Gehen Sie dabei von einer Verrechnung der sekundären Gemeinkosten nach dem Stufenleiterverfahren aus.

Lösungshinweise: Erstellen Sie zunächst separate Tabellen mit folgenden Inhalten:

– Eingabe der primären Gemeinkosten: Die nach Kostenarten differenzierten primären Gemeinkosten sind den Hilfskostenstellen und Hauptkostenstellen zuzurechnen.

– Eingabe der innerbetrieblichen Leistungen: Um die sekundären Gemeinkosten ermitteln zu können, ist eine Tabelle zu erstellen, aus der die mengenmäßigen Leistungsbeziehungen zwischen den Kostenstellen hervorgehen. Zu differenzieren ist dabei zwischen empfangenden und abgebenden Kostenstellen.

– Ausgabe der Verrechnungspreise: Unter Rückgriff auf die beiden Eingabetabellen sind die Verrechnungspreise der innerbetrieblichen Leistungen und die Sekundärkosten der empfangenden Kostenstellen zu ermitteln.

Die vorangehenden Tabellen sind nun in einem BAB zu verknüpfen. Es ist darauf zu achten, dass die Zellen der Hilfskostenstellen nach Abrechnung der innerbetrieblichen Leistungen, also nach Verrechnung der sekundären Kosten, Null betragen müssen. Die Gemeinkostenzuschlagssätze der Hauptkostenstellen sind in einer Nebentabelle, in der die Einzelkosten und Herstellkosten, also die Zuschlagsbasen, enthalten sind, zu berechnen und ebenfalls in den BAB zu übernehmen.

---

[1] Vgl. Grob, H. L., Bensberg, F. (2005), S. 123-125.

3.8 BAB der Normalkostenrechnung

Entwickeln Sie einen Prototypen für einen Betriebsabrechnungsbogen der Normalkostenrechnung. Gehen Sie dabei von einer Verrechnung der sekundären Gemeinkosten nach dem Stufenleiterverfahren aus. Übernehmen Sie den BAB aus der vorangehenden Folge und modifizieren Sie diesen entsprechend der Normalkostenrechnung. Berücksichtigen Sie also, dass die innerbetriebliche Leistungsverrechnung auf Basis von normalisierten Verrechnungssätzen erfolgt. So enthält der BAB in der Normalkostenrechnung im Vergleich zur Istkostenrechnung zusätzlich Unter- und Überdeckungen. Diese ergeben sich aus der Differenz zwischen Istkosten und den mit normalisierten Verrechnungspreisen verrechneten Gemeinkosten.

3.9 Zuschlagskalkulation

Das Schema der Zuschlagskalkulation für die Berechnung der Selbstkosten lautet wie folgt:

	Materialeinzelkosten MEK
+	Materialgemeinkosten MGK (% Zuschlag auf MEK)
=	Materialkosten
=	Fertigungseinzelkosten FEK
+	Fertigungsgemeinkosten FGK (% Zuschlag auf FEK)
=	Fertigungskosten
=	Herstellkosten HK
+	Verwaltungs- und Vertriebsgemeinkosten VuV-K (% Zuschlag auf HK)
=	Selbstkosten SK

ABB. 100: Zuschlagskalkulation[1]

---

[1] Vgl. Grob, H. L., Bensberg, F. (2005), S. 139.

Die folgenden Daten sind gegeben:

– Die MEK betragen 7.320 €

– Der Zuschlagssatz für die MGK beträgt 20 %

– Die FEK betragen 10.540 €.

– Der FGK-Zuschlagssatz beträgt 150 %.

– Der VuV-K-Zuschlagssatz beträgt 33,3 %.

Berechnen Sie die Selbstkosten für die angegebenen Kostendaten. Stellen Sie die Komponenten der Selbstkosten grafisch dar. Wählen Sie hierfür eine geeignete Diagrammform (z. B. Tortendiagramm).

3.10 Gesamtkostenverfahren

Erstellen Sie ein Arbeitsblatt zur Ermittlung des Betriebsergebnisses nach dem Gesamtkostenverfahren auf Vollkostenbasis. Gehen Sie von folgenden Daten aus:

– Produktionsmenge,

– Absatzmenge,

– Absatzpreis,

– Herstellkosten und

– Vertriebskosten.

Verwaltungskosten sind anteilig in den Herstell- bzw. Vertriebskosten enthalten.

3.11 Deckungsbeitragsrechnung

Fertigen Sie eine Tabelle an, um das Betriebsergebnis nach der Deckungsbeitragsrechnung zu ermitteln. Der Deckungsbeitrag stellt die Differenz zwischen den Marktleistungen und den variablen Kosten dar. Die variablen Kosten einer Periode ergeben sich als Produkt aus den variablen Selbstkosten pro Stück und der Absatzmenge. Um das Betriebsergebnis zu ermitteln, sind die fixen Kosten von dem Deckungsbeitrag en bloc abzuziehen.

3.12   Stufenweise Fixkosten-deckungsrechnung

Da der Block der fixen Kosten in der Deckungsbeitragsrechnung wenig Beachtung findet, wurde das Konzept der stufenweisen Fixkostendeckung entwickelt, bei dem die Fixkosten nach hierarchisch geordneten Bezugsgrößen aufgegliedert werden. Bezugsgrößen sind hierbei vor allem Produktarten, Abteilungen, Unternehmensbereiche und das Gesamtunternehmen. Fertigen Sie ein Arbeitsblatt zur stufenweisen Fixkostendeckungsrechnung nach dem folgenden Schema an:

Marktleistungen
– variable Kosten
= Deckungsbeitrag I
– Produktartenfixkosten
= Deckungsbeitrag II
– Abteilungsfixkosten
= Deckungsbeitrag III
– Bereichsfixkosten
= Deckungsbeitrag IV
– Unternehmensfixkosten
= Betriebsergebnis

ABB. 101: Stufenweise Fixkostendeckung

3.13 Kostenvergleichsrechnung

Es stehen zwei Investitionen (A, B) zur Auswahl. Die folgenden Daten sind über die beiden Investitionsobjekte gegeben:

	Investition A	Investition B
Anschaffungsauszahlung (€)	75.000	120.000
Nutzungsdauer (Jahre)	6	8
produzierte Menge (Stück) für das 1. Jahr	10.000	10.000
Fixkosten ohne Abschreibung (€)	4.000	7.000
variable Materialkosten (€ pro Stück)	0,7500	0,3250
variable Personalkosten (€ pro Stück)	0,7250	0,1666
variable Energiekosten (€ pro Stück)	0,0500	0,0500
sonstige variable Kosten (€ pro Stück)	0,1450	0,1250

ABB. 102: Daten für eine Kostenvergleichsrechnung

Nun soll eine Kostenvergleichsrechnung für das erste Investitionsjahr durchgeführt werden. Dabei ist zu beachten, dass die produzierte Menge aufgrund der unsicheren Lage auf dem Absatzmarkt von den oben angeführten Daten abweichen kann. Die Kostenvergleichsrechnung ist daher in Abhängigkeit von dem Parameter „produzierte Menge" durchzuführen. Hierfür wird das folgende Schema benutzt:

Gesamtkosten	= Fixkosten + variable Kosten
Fixkosten	= Fixkosten ohne Abschreibung + Abschreibung
variable Kosten	= Gesamte variable Kosten · Menge

ABB. 103: Kostendefinition

Die Abschreibungsberechnung für das 1. Investitionsjahr erfolgt durch die Division der Anschaffungsauszahlung durch die Nutzungsdauer (Lineare Abschreibung).

(1) Führen Sie eine Kostenvergleichsrechnung nach dem oben angeführten Schema durch. Bilden Sie die Datenreihen für die Ge-

samtkosten beider Investitionsalternativen in Abhängigkeit von der produzierten Menge. Diese befindet sich im Bereich 0 – 20.000 Stück und sollte schrittweise um 5.000 Einheiten erhöht werden.

(2) Bilden Sie die Datenreihe mit den Gesamtkosten in Abhängigkeit von der produzierten Menge grafisch ab. Wählen Sie eine geeignete Diagrammform und vergessen Sie die Überschrift bzw. Legende nicht.

(3) Wie lauten die hier vorliegenden linearen Gesamtkostenfunktionen?

3.14 Telearbeit

Die Plunder AG beabsichtigt, alle neu zu schaffenden Arbeitsplätze in der Verwaltung entweder in einem flexibel anzumietendem Bürogebäude – es können jeweils 200 m2 bis hin zu 2.000 m2 angemietet werden – unterzubringen oder aber reine Teleheimarbeit einzuführen. Bei reiner Teleheimarbeit arbeiten die Arbeitnehmer ausschließlich an ihrem heimischen Arbeitsplatz.

Damit sich der Vorstand der Plunder AG zwischen beiden Alternativen entscheiden kann, soll eine Bewertung von Miete und Telearbeit stattfinden. Dazu wurden folgende Daten erhoben: Der Mietpreis in dem Bürogebäude beträgt im Monat 17 [€/m2] zzgl. der Nebenkosten in Höhe von 3 [€/m2]. Für jeden Arbeitsplatz sollen durchschnittlich mindestens 15 m2 Bürofläche bereitgestellt werden. Als Ausstattung für jeden Arbeitsplatz wird mit Kosten für Möbel in Höhe von 4.000 € und für ein IT-System in Höhe von 2.000 € gerechnet. Hinzu kommen Kosten für Software in Höhe von 750 €. Für die Alternative der reinen Teleheimarbeit ist für den heimischen Arbeitsplatz mit derselben Ausstattung an Möbeln und Software zu rechnen wie im angemieteten Gebäude.

Jedoch verursacht das zu Hause aufzustellende IT-System etwas höhere Anschaffungskosten, da einzelne Komponenten durch den Zulieferer ausgetauscht werden müssen (z.B. Austausch der Netzwerkkarte durch eine DSL-Karte): Mit der Installation am Telearbeitsplatz sollen hierfür Kosten in Höhe von 600 € berücksichtigt werden. Zudem rechnet die Plunder AG damit, dass monatlich etwa 100 € als zusätzliche Kosten für einen erhöhten Kommunikationsbedarf der Teleheimarbeiter pro Arbeitsplatz entstehen.

Die Geschäftsleitung möchte die ersten vier kommenden Geschäftsjahre (2008 – 2011) betrachten. Aus dem Unternehmenscontrolling stehen folgende Daten zur Verfügung. Die Neueinstellungen beziehen sich jeweils auf den Periodenbeginn.

Bezeichnung/Jahr	2008	2009	2010	2011
Neueinstellungen	10	15	20	25
Kosten (Allgemein)	500	500	700	1.000
Umsatz (Prognose)	1.100	2.800	4.600	6.500

ABB. 104: Daten für eine Kostenvergleichsrechnung

Die monetären Größen „Kosten" und „Umsatz" sind in T€ angegeben. Als Gehalt wird das Unternehmen durchschnittlich einen Betrag von 75.000 € pro Mitarbeiter im Jahr einschließlich sämtlicher Lohnnebenkosten in seiner Kalkulation ansetzen müssen.

(1) Führen Sie für die dargestellte Datengrundlage eine Kostenvergleichsrechnung durch. Erarbeiten Sie eine Entscheidungsgrundlage für die Unternehmensleitung, indem Sie die periodenbezogenen Kosten für die Entscheidungsalternativen ermitteln. Welche Alternative wird gewählt?

(2) Stellen Sie die geeigneten Zielwerte grafisch dar.

4 Produktion

4.1 Produktionsprogrammplanung

Erstellen Sie ein Arbeitsblatt zur Bestimmung des optimalen Produktionsprogramms eines Unternehmens, das drei verschiedene Produkte auf zwei Maschinen fertigt. Unterstellen Sie als Zielsetzung „Deckungsbeitragsmaximierung". Gehen Sie bei der Datensituation davon aus, dass hinsichtlich der Absatzmenge an Produkten, der Beschaffungsmenge an Rohstoffen sowie der Fertigungskapazitäten Restriktionen bestehen.

Lösungshinweise: Benutzen Sie zur Bestimmung des optimalen Produktionsprogramms den Solver. Die Parameter dafür lauten:

- *Zielzelle:* Adresse der Zelle des Deckungsbeitrags
- *Zielwert:* Maximal
- *veränderbare Zellen:* Adressen der Zellen der Produktmengen
- *Nebenbedingungen:* Absatz-, Beschaffungs- und Fertigungsrestriktionen

4.2 Bestellmengenplanung

Eine Unternehmung bezieht innerhalb eines Jahres insgesamt 1.000 ME eines Produktes zu einem Stückpreis von 200 €. Pro Bestellung fallen in dieser Unternehmung 50 € an Kosten an. Das Unternehmen rechnet mit einem jährlichen Kapital- und Lagerkostensatz von 20 %.

Entwickeln Sie ein Arbeitsblatt, in dem die optimale Bestellmenge in allgemeiner Form tabellarisch und grafisch ermittelt wird. Der Output sollte auch die Bestell-, Lager- und Gesamtkosten enthalten. Wenden Sie das Arbeitsblatt auf die oben angegebenen Daten an.

4.3 Mengenkostenleistungsfunktion

Zur Ermittlung der Mengenkostenleistungsfunktion eines Aggregats wurden folgende Daten erhoben:

– Der Zeitlohn beträgt 50 [€/Std]

– Zur Quantifizierung des Brennstoffverbrauchs in Abhängigkeit von der ökonomischen Leistung wurde die folgende Funktion ermittelt:

$$\bar{r}_{Brennstoff}(x) = 20 - 4x + 0{,}4x^2 \text{ [FE/ME]} \qquad 2 \le x \le 12 \text{ [ME/Std]}$$

– Eine Brennstoffeinheit kostet 2 €

– Der bewertete Materialverbrauch beträgt 5 [€/ME]

Stellen Sie die Mengenkostenleistungsfunktion des Aggregats in Abhängigkeit von der ökonomischen Leistung (x) in tabellarischer und grafischer Form dar.

4.4 S-förmige Gesamtkostenfunktion

Erstellen Sie eine Tabelle, aus der für ganzzahlige Produktionsmengen die totalen Gesamtkosten, die variablen Gesamtkosten, die Grenzkosten und die variablen Kosten pro Stück hervorgehen. Legen Sie dabei folgende allgemein formulierte Funktion zugrunde:

$$K_T(M) = 600 + 60\,M - 1{,}5\,M^2 + 0{,}02\,M^3 \qquad 0 \le M \le 100$$
$$K_T(M) = a + b\,M - c\,M^2 + d\,M^3 \qquad 0 \le M \le M_{max}$$

Symbole

KT   Gesamtkosten in der Periode [GE]

M   Ausbringungsmenge [ME]

Entwickeln Sie Ihren Ansatz so, dass Eingabefelder für die Parameter a, b, c, d und Mmax der s-förmigen Kostenfunktion vorzusehen sind.

Probieren Sie aus, bei welchen Parameterkonstellationen sinnvolle s-förmige Kostenverläufe auftreten.

5 Absatz

5.1 Monopolpreis

Entwickeln Sie ein Arbeitsblatt zur Bestimmung des gewinnmaximalen Preises eines Monopolisten. Gehen Sie dabei von einer linearen Preisabsatzfunktion und einer linearen Gesamtkostenfunktion aus. Stellen Sie die Funktionsverläufe grafisch dar.

5.2 Prognosemethoden

Ein Hersteller von Gartenzwergen will das Marktvolumen seiner Produkte für 2008 und 2009 ermitteln. Die Absatzentwicklung der Branche liegt für die Jahre 1999 bis 2007 vor. Erstellen Sie eine Arbeitstabelle und führen Sie anhand dieser Werte mittels einer Kleinste-Quadrate-Regressionsfunktion der Form $y_i = a + bt_i$ eine Prognose durch.

t (Jahr)	1999	2000	2001	2002	2003	2004	2005	2006	2007
ME [Tsd.]	345	318	356	297	415	506	497	450	467

ABB. 105: Absatzentwicklung von 1999 bis 2007

Legende

$$a = \frac{\sum t_i^2 \sum y_i - \sum t_i \sum t_i y_i}{n \sum t_i^2 - (\sum t_i)^2}$$

$$b = \frac{n \sum t_i y_i - \sum t_i \sum y_i}{n \sum t_i^2 - (\sum t_i)^2}$$

5.3 Umsatzstatistik

Entwickeln Sie ein Arbeitsblatt, aus dem der nach Produkten aufgegliederte Umsatz – getrennt nach Kunden – hervorgeht.

Bereiten Sie das Arbeitsblatt zur Verwendung im Rahmen einer Präsentation vor. Denken Sie an Visualisierungsmöglichkeiten durch die Verwendung von Grafiken.

5.4 ABC-Analyse

Entwickeln Sie ein Arbeitsblatt zur ABC-Analyse, um eine Kundendatei auszuwerten.

5.5 Sortimentspolitik

Die „Leucht- und Schein-AG" stellt seit mehreren Jahren Scheinwerfer für den Kraftfahrzeugmarkt her. Zur Analyse des Produktsortiments stehen folgende Daten zur Verfügung:

Produkt	Absatz [ME]	Absatzpreis [€/ME]	variable Kosten [€/ME]	Beanspruchte Produktionskapazität [min]	Zahl der Abnehmer
SW 110	20.000	35,00	34,50	29.800	13
SW 111	45.800	41,00	39,00	17.340	24
SW 112	5.700	57,50	49,50	42.070	54
SW 113	19.000	50,00	42,00	2.050	12

ABB.106: Daten zur Sortimentsanalyse

Erstellen Sie eine Tabelle, aus der die folgenden Kennzahlen hervorgehen:

– Umsatzanteil/Kapazitätsanteil,

– Deckungsbeitragsanteil/Kapazitätsanteil und

– Umsatzanteil/Kundenanteil.

Visualisieren Sie anschließend die Kennzahlen in einer Lorenzkurve, indem Sie auf der Ordinate die kumulierten Werte des Zählers und auf der Abszisse die des Nenners abtragen.

5.6 Sortimentsentscheidung

Für das Handelsunternehmen OLDI liegen folgende Daten vor:

OLDI	Warengruppe					Summe
	1	2	3	4	5	
Umsätze	410	210	470	280	270	1.640
Kosten für Warengruppe	280	150	200	180	190	1.000
Transportkosten	30	80	30	80	70	290

ABB. 107: Daten für Sortimentsentscheidungen [in T€]

Ermitteln Sie den Deckungsbeitrag (DB) der einzelnen Warengruppen (DB = Umsatz – variable Kosten). Welche Warengruppe würden Sie eliminieren?

5.7 Gewinnschwellenanalyse

Für das aktuelle Geschäftsjahr soll der *kritische* Umsatz bestimmt werden, d. h. derjenige Umsatz, bei dem ein Gewinn von Null (G=0) erzielt wird. Laut Vertrieb bewegt sich der Umsatz (U) für das aktuelle Geschäftsjahr im Bereich von 600 T€ bis 1.600 T€. Die variablen Kosten (Kv) betragen pauschal 40 % vom Umsatz. Die Fixkosten (Kf) betragen für das aktuelle Geschäftsjahr 600 T€. Für die Ermittlung des Gewinns (auch „Erfolg" genannt) wird das folgende Berechnungsschema verwendet:

> Gewinn (G) = Umsatz – variable Kosten – Fixkosten
>
> Deckungsbeitrag (DB) = Umsatz – variable Kosten
>
> Gesamtkosten (GK) = Fixkosten + variable Kosten

ABB. 108: Berechnungsschema zur Gewinnermittlung

(1) Stellen Sie mithilfe von Excel ein Kalkulationsschema zur Gewinnschwellenanalyse auf. Variieren Sie dabei den Umsatz im Bereich von 600 – 1.600 T€ in Schritten von 100 T€. Stellen Sie die oben angeführten Zielwerte (Gesamtkosten, Deckungsbeitrag und Gewinn) in Abhängigkeit von dem erwarteten Umsatz dar.

Hinweise: Tragen Sie die Umsatzdaten senkrecht in eine Spalte ein. Führen Sie eine korrekte Währungsformatierung durch.

(2) Nachdem in (1) die Gewinnschwelle berechnet wurde, können die Zielwerte (Gewinn, Deckungsbeitrag und Gesamtkosten) in Abhängigkeit von den Umsatzdaten grafisch dargestellt werden. Stellen Sie die Daten in einer geeigneten Diagrammform grafisch dar. Fügen Sie auch eine Überschrift und eine Legende für die Datenreihen ein.

5.8 Trendberechnung

Ein Zigarettenhersteller möchte das Marktvolumen für Zigaretten für die Jahre 2008 bis 2012 ermitteln. Dabei liegen ihm die folgenden Vergangenheitsdaten vor:

Jahr	Zigaretten (in Mio. Stück)
1999	3.438
2000	3.188
2001	3.117
2002	2.940
2003	2.753
2004	2.652
2005	2.475
2006	2.464
2007	2.563

Abb.109: Entwicklung des Marktvolumens

Für die Jahre 2008 bis 2012 soll das Marktvolumen über die Anwendung der Trendfunktion von Excel gewonnen werden. Erstellen Sie eine Grafik, die die oben angeführten Daten wiedergibt und den linearen Trend enthält. Ermitteln Sie die Trendfunktion aus der Grafik und setzen Sie diese als Formel unter Excel um. Berechnen Sie das prognostizierte Marktvolumen für 2008 bis 2012.

5.9 Mediaplanung

Zur Durchführung einer Werbemaßnahme für Computer stehen einem Mediaplaner fünf Zeitschriften zur Verfügung. Marktforschungsanalysen haben ergeben, dass sich die Zeitschriften in unterschiedlicher Weise zur Ansprache der primären Zielgruppen „Experten" und „Hobbyprogrammierer" eignen. Die folgende Tabelle gibt die Mediadaten für die Zeitschriften wieder:

Zeit-schrift	Experten (Tsd.)	Hobbyprogrammierer (Tsd.)	Sonstige Leser (Tsd.)	Preis für 1 Seite in €
A	800	700	100	48.000
B	1.200	100	1.700	52.000
C	300	200	500	25.000
D	1.200	400	100	40.000
E	500	200	800	28.000

Abb.110: Mediadaten

(1) Um die Attraktivität eines Werbemediums zu berechnen, wird häufig die Kennzahl „Tausenderpreis" gebildet. Diese Kennzahl gibt an, wie teuer die Erreichung von 1.000 Lesern einer Zeitschrift mit einer einseitigen Anzeige ist. Ermitteln Sie aus der obigen Tabelle den Tausenderpreis für jede Zeitschrift. Welche Zeitschriften werden belegt?

(2) Da für die Werbemaßnahme nur die Zielgruppen „Experten" und „Hobby-Programmierer" infrage kommen, kann nun der gewichtete Tausenderpreis gebildet werden. Modifizieren Sie die unter (1) gebildete Tabelle adäquat.

5.10 Investitionsplanung

Eine Maschine zur Herstellung von *Industrietoastern* soll im Jahr 2007 noch angeschafft werden. Die Anschaffungskosten für diese Maschine betragen 18.000 €. Die Nachfrage nach Toastern verläuft über die Jahre 2008 bis 2012 wie folgt:

Jahr	Nachfrage [Stck.]
2008	100
2009	200
2010	450
2011	200
2012	130

ABB. 111:
Nachfrageentwicklung

Die Maschine besitzt allerdings Kapazitätsbeschränkungen, die im Zeitablauf schwanken. Diese Kapazitätsbeschränkungen verlaufen wie folgt:

Jahr	Kapazität [Stck.]
2008	400
2009	400
2010	400
2011	300
2012	300

ABB. 112:
Kapazitätsentwicklung

Es ist davon auszugehen, dass die Nachfrage nach Industrietoastern befriedigt wird, sofern die Kapazität der Maschine dies zulässt. Beim Verkauf der Toaster können die folgenden Marktpreise erzielt werden:

Jahr	Marktpreis [€/Stck.]
2008	99
2009	119
2010	120
2011	133
2012	146

ABB. 113: Entwicklung der Marktpreise

Die *variablen* Kosten pro hergestellten Industrietoaster betragen in den einzelnen Jahren:

Jahr	variable Kosten [€/Stck.]
2008	38
2009	44
2010	45
2011	51
2012	52

ABB. 114: Entwicklung der variablen Kosten pro Stück

Außerdem fallen für die Jahre 2008 bis 2012 pro Jahr *fixe* Kosten von 7.000 € an.

(1) Fassen Sie die oben angeführten Daten in einer Excel-Tabelle zusammen. Tragen Sie dabei die einzelnen Jahre in einer Zeile (horizontal!) ein. Berechnen Sie für die einzelnen Jahre die realisierte Absatzmenge an Toastern, die gesamten variablen Kosten und die Umsätze. Stellen Sie die Werteverläufe grafisch dar.

(2) Unter (1) wurden die variablen Kosten und die Umsätze für die einzelnen Jahre ermittelt. Berechnen Sie den periodenbezogenen Gewinn der Investition.

5.11   Sensitivitätsanalyse

Für eine Aktiengesellschaft, die nur das Produkt A herstellt und verkauft, gilt die folgende Markt- und Kostensituation:

– Die Fixkosten für die Fertigung von A betragen pro Jahr 10.000 €.

– Die variablen Kosten pro Produkt A betragen 100 €.

– Der Preis für das Produkt A beträgt 300 €.

– Die Absatzmenge beträgt 1.000 Stück.

In dieser Datensituation realisiert die Aktiengesellschaft einen Gewinn von 190.000 €. Da zum Jahresende eine Aktionärsversammlung anberaumt ist, steht die Geschäftsleitung vor dem Problem, den Gewinn aus bilanzkosmetischen Gründen auf 200.000 € hochzuschrauben.

Wie müssten sich die Parameter variable Kosten, Preis und Absatzmenge ändern, um den gewünschten Gewinn von 200.000 € ausweisen zu können? Stellen Sie sowohl die absoluten Betragsänderungen als auch die prozentuale Änderung dar.

5.12   Mehrwertsteuerberechnung

Folgenden Daten für die Preise von Produkten sind gegeben:

Produkt	Mehrwertsteuersatz	Preis (netto) [€]
A	1	100
B	2	150
C	1	55
D	1	200
E	2	99

ABB. 115: Preistabelle

Der normale Mehrwertsteuersatz (Satz 1) beträgt 19 % vom Nettopreis. Der ermäßigte Mehrwertsteuersatz beträgt 7 % vom Nettopreis.

Entwickeln Sie die oben angeführte Tabelle weiter, sodass in einer neuen Spalte der Mehrwertsteuerbetrag für die einzelnen Produkte berechnet wird. Verwenden Sie hierfür die WENN-Funktion.

5.13 Marketingprognosen

Der Kfz-Hersteller „Öko" möchte seinen Marktanteil für die Jahre 2008, 2009 und 2010 prognostizieren. Die Umsatzentwicklung der Gesamtbranche ist bekannt, ebenso der bisherige Umsatz des Kfz-Herstellers. Aus gesicherten Quellen liegen außerdem Prognosen über den Verlauf des Branchenumsatzes für die nächsten drei Jahre vor:

Jahr	Branchenumsatz [in Mrd. €]	Umsatz „Öko" [in Mrd. €]
1999	290	84,9
2000	313	88,0
2001	338	91,9
2002	362	97,1
2003	391	103,2
2004	420	108,4
2005	441	114,2
2006	467	110,6
2007	495	105,9
2008	519	?
2009	542	?
2010	570	?

ABB. 116: Umsatzdaten im Zeitablauf (unvollständig)

(1) Berechnen Sie den linearen Trend für den Umsatz des Kfz-Herstellers „Öko". Vervollständigen Sie die Tabellendaten für die Jahre 2008 bis 2010.

(2) Der Marktanteil eines Herstellers (MA) wird wie folgt berechnet:

$$MA = \frac{\text{Eigener Umsatz}}{\text{Branchenumsatz} \cdot 100}$$

Berechnen Sie die Marktanteile für den Hersteller „Öko" über die einzelnen Jahre. Ermitteln Sie den durchschnittlichen Marktanteil für die Jahre 1999 bis 2007.

5.14 Gewinnberechnung mit grafischen Elementen

Folgenden Daten sind gegeben:

Preis:	100 €
variable Kosten:	80 €/Stück
Fixkosten:	100.000 €
Absatzmenge:	5.000 Stück

(1) Stellen Sie in einem ersten Schritt die Gewinnberechnung für die angegebenen Daten auf.

(2) Fügen Sie für die Parameter Preis, variable Kosten und Absatzmenge Laufleisten ein, um die einzelnen Parameter in geeigneten Wertebereichen zu variieren.

(3) Fügen Sie ein Tortendiagramm ein, das die beiden Werte „variable Kosten" und „Gewinnspanne" mit ihren Prozentwerten darstellt. Der Wert Gewinnspanne berechnet sich einfach, indem Sie von dem Preis die variablen Kosten abziehen. Sie müssen hierfür Ihre Tabelle entsprechend ergänzen.

LITERATURVERZEICHNIS

Grob, H. L. (2006), Einführung in die Investitionsrechnung – Eine Fallstudiengeschichte, 5., vollst. überarb. u. erw. Aufl., München 2006.

Grob, H. L., Bensberg, F. (2005), Kosten- und Leistungsrechnung – Theorie und SAP-Praxis, München 2005.

Grob, H. L., Bensberg, F. (2008), Controllingsysteme, München 2008.

Grob, H. L., Reepmeyer, J.-A., Bensberg, F. (2004), Einführung in die Wirtschaftsinformatik, 5., überarb. u. erw. Aufl., München 2004.

SACHWORTVERZEICHNIS

Teil 1: Einführung in Excel

Teil 2: Anwendungen von Excel in Übungsfällen